전주낭독

이 책은 2013년도 문화체육관광부에서 선정한
우수교양도서입니다.

전주낭독
소리 내어 천 년의 골목들을 호명하다

2013년 4월 20일 초판1쇄 발행
2013년 11월 25일 초판2쇄 발행

지은이	정원선
기획	전주국제영화제 김예원·유현주
펴낸이	이찬규
펴낸곳	북코리아
등록번호	제03-01240호
주소	462-807 경기도 성남시 중원구 상대원동 146-8 우림2차 A동 1007호
전화	02) 704-7840
팩스	02) 704-7848
이메일	sunhaksa@korea.com
홈페이지	www.bookorea.co.kr
ISBN	978-89-6324-314-6 (13980)

값 15,000원

본서의 무단복제를 금하며, 잘못된 책은 구입처에서 바꾸어 드립니다.

이 도서의 국립중앙도서관 출판시도서목록(CIP)은 서지정보유통지원시스템 홈페이지
(http://seoji.nl.go.kr)와 국가자료공동목록시스템(http://www.nl.go.kr/kolisnet)에서 이용하실 수
있습니다.(CIP제어번호: CIP2013002584)

전주 낭독

소리 내어
천 년의 골목들을
호명하다

글·사진 정원선
기획 전주국제영화제

북코리아

차례

1	프롤로그 – 전주행 슬로보트	7
2	전주 고속버스터미널과 시외버스터미널	
	– 정념의 상영관, 터미널	12
3	전주 동문거리 – 시간의 무늬	22
4	황방산 서고사와 기형도 시인 – 기억할 만한 지나침	34
5	남고사와 남고산성 – 마지막 풍경	47
6	산성 벽화마을 도란도란 시나브로길 – 피어라, 꽃	55
7	동고산성과 동고사 – 엇갈린 슬픔	63
8	거북바위와 진북사 – 전주라는 '팝업북' 읽기	77
9	전주 커피전문점의 기원 '빈센트 반 고흐'	
	– 그해 봄, 전주의 비엔나커피	87
10	고사동 '원조함흥냉면'과 인후동 '평양옥류관'	
	– 사발에 담긴 한 철	94
11	가맥과 막걸리집 – 매일 벌어지는 기적	104

12	황강서원, 문학대공원, 서부시장 연립 – 美는 어디에	116
13	오목대, 이목대, 경기전 – 조선의 초상	126
14	전동성당과 치명자산(천주교 순교성지) – 수난의 양식	139
15	최명희문학관과 혼불공원 – 동백꽃, 지다	154
16	한옥마을 – 그 집 앞	170
17	영화의 거리 – 100퍼센트의 여자아이를 만나는 거리	188
18	전주 향교 – 아름다움, 알음다움	199
19	전북도립미술관과 모악산 대원사 – 두 개의 풍경	206
20	남부시장과 청년몰 – 소망의상실과 레알 뉴-타운	217
21	완산칠봉과 용머리고개 – 전주로 가는 전봉준	229
22	덕진공원 연못 – 너에게 가 닿는 출렁다리	246
23	전주동물원 야간개장 – 4월에 내리는 눈	259
24	전주천에서 만경강까지 – 지극히 사사로이	268
25	에필로그 – 전주발 서울행 마지막편 새마을호 00:53 열차	276

부록 1 계절별 여행코스	283
부록 2 가족이나 아이들과 함께 들러보면 더 좋은 곳들	288
부록 3 전주 음식	293
부록 4 전주 게스트하우스	302

1 프롤로그

전주행 슬로보트

한정된 장소를 한정된 시간과 자원으로 돌아보는 일이 여행의 근대적 정의이겠으나 결국 여행이란 풍경을 재구성하는 일이다. 우리가 온 시절을 한곳에서 살아내더라도 장소의 순간을 전부 담아낼 수는 없다. 풍경, 그러니까 이미지는 한없이 일어나고 끝없이 뒤처지다가 생각이 머무는 한순간에 고이 멈춘다. 우리는 세상의 풍광과 내면의 심상을 포개 의미의 풍경을 포착한다. 그 정지의 한때를 우리는 '보았다'고 여길 뿐이다. 그러므로 여행이란 여행자가 지나온 장소를 뜻하기보다는 거기에 깃든 한때의 시간을 가리키는 말이기도 하다. 자연의 시간인 카이로스가 영화 매트릭스의 디지털 숫자처럼 주룩주룩 흘러내리는 가운데 존재가 포착할 수 있는 것은 그중 한 줌에 지나지 않는 크로노스이고, 그것만이 우리가 해독할 수 있는 의미 있는 형상으로 기억된다. 따라서 여행은, 이동을 뜻하는 사전적 의미와 상관없이 실제로는 우리가 정지한 순간만을 뜻한다. 속절없이 흘러가는 시간 속에서

당신이 스스로 응결해 멈춘 시간, 그것만이 오직 여행인 것이다. 그리하여 여행은 움직이는 일이 아니라 거슬러 서 있는 일이 된다.

전주라는 집합적 좌표에 쌓인 시간의 켜를 역사라고 부를 때, 전주를 여행한다는 것은 그 시간 중에서 과연 어떤 시간을 자신의 욕망과 겹치도록 놓아둘 것인가를 되묻는 질문으로 풀이해볼 수 있다. 한때 방문자(외부자)였고, 지금은 거주자(내부자)이며, 동시에 여행자(해석자)인 필자는 전주를 명소의 병렬적 집합으로 보는 수평적 관점에 머물기보다는, 일련의 수직적 시간 가운데 특히 도드라지는 특별한 한때를 꼽아, 당시의 풍경과 지금의 풍경을 버무리고, 그때의 갈망과 지금의 상념을 보태 새로운 정경으로 반죽해 보고자 했다. 이 책에서 필자는 전주의 여러 곳을 다루겠으나, 그곳들이

그저 '그때-그곳'에 대한 회고에 머물기보다는, '지금-여기'와
맞물리고, 결국에는 '지금-우리'에 속했으면 하는 바람을 품고 있다.

　　지금이야 반론의 여지가 없는 이 땅의 초거대도시(megalopolis)는
서울이지만, 그 레이블은 사실 전주의 한 시절을 수식하는
낱말이기도 했다. 천 년 전에는 후백제의 수도였으며, 줄곧 곡창의
중심이었고, 오백 년의 역사를 가진 문명국가 조선의 발상지였던
전주. 천주신앙의 맨 처음 순교터이며, 전봉준이 농민군을 이끌던
동학혁명의 격전지였다가, 수모를 삼키고 수탈의 길목이 되기도
했었던 동네. 엄뫼(엄마 산이라는 모악산의 옛 지명) 아래 꽃처럼 아름다운
사람들이 소리와 공방, 한옥과 한지 등 두루두루 오색오미(五色五味)를
품고 숨 고르는 마을. 고색이 아름다운 탓에 전통문화의 수호지처럼
여겨지기도 했지만 돌이켜보면 늘 발호했던 고장. 한 사람의
슬기에서 비롯하되 끝내 여럿의 마음과 손끝으로 오물조물
버무려지며 한 편의 꿈을 길어 올리는 영화처럼 지금도 역시 봉긋한
정성과 아롱다롱한 예술로 사람들을 위로하고 어루만지는 속 깊은
예향(artpolis).

　　전주 여행은 전주의 풍경을 재구성하는 일, 예전의 모습에
지금의 경관을 비추어 이 세상 어디에도 없는 저만의 장소를
만들어내는 일, 현실의 풍경에 꿈의 풍경을 중첩해 다시 바라보는
일, 시간-장소-화자(storyteller)의 3차원 정육면체로 전주를 처음부터
재건축하는 작업이라 할 수 있다. 그러니까, 전주를 마음대로 다시
짓고 살뜰한 장소를 북돋워 세월의 기념비를 세우는 일인 것이다.
참수를 무릅쓰고 순교의 길을 떠난 윤지충·권상연의 풍남문과
격한 함성을 지르며 농민군이 쏟아져 내려오던 용머리 고개,

일본식 가옥과 기와 한옥이 명운을 걸고 세 다툼을 벌이는 한옥마을, 상업자본과 아파트에 밀려 조금씩 사라져가는 골목골목들, 모진 변화를 묵묵히 감내하면서도 제 물빛을 잃지 않은 전주천 같은 '간간한' 장소들을 돋을새김하여 전주를 다시 그리는 일. 다시 말해 이 책은 지난 몇 년간, 읽고 공부하고 걷고 올라 장소와 내력, 풍경과 정념, 현실과 역사를 뒤섞어 종이 위에 재구성한 전주인 셈이다. 이 완전한 도시(全州)에 새겨진 1,100여 년의 세월을 통찰하기 위해서는 상상력이 필요하다. 이를테면 나는 늙은 사공이고, 이 책은 나룻배라고 생각해 보자. 당신은 전주천을 따라 작은 나룻배를 타고 전주의 곳곳을 돌아보는 중이라고. 이 책에 실린 서른 개 남짓한 꼭지는 그 나룻배가 들르는 전주 곳곳의 작지만 아름다운 마을들이라고. 우리는 아주 천천히, 시간이라는 물결에 실려 거기 살았던 따뜻한 사람들과 동네가 품은 흔적들을 하나하나 만나보는 것이라고.

    서울에서 버스로 2시간 40분 거리, 그 시간 이상의 '차연(differance)'을 안고 있는 전주에서 첫 출항일지를 펼친다. 여기는 전주의 근대적 들머리라 할 수 있는 고속버스터미널. 그러나 이제부터 우리가 타고 갈 것은 전혀 다른 것. 옛적과 지금, 유적과 현재를 거쳐 온 고을 깊숙한 곳과 마침내 당신에까지 느릿느릿 저어가는 배, 순연의 물길을 거스를 전주행 슬로보트.

2   전주 고속버스터미널과
     시외버스터미널

터미널 정념의 상영관,

네게브 사막에서 염소를 치며 유목 생활을 하는 베두인족은
아랍어로 '사막 거주자'라는 뜻이다. 물이 필요해도 그들은 한낮의
폭염이 말 그대로 치명적인 까닭에 해가 질 때까지 기다렸다가
어두워진 후에야 물을 길으러 몇 시간씩 왕복하곤 한다. 캄캄한
사막은 밤이면 뱀과 전갈이 활개치는 황야로 변하기 때문에
식수원을 찾는 길은 목숨이 위태로운 순간의 연속이다. 그리하여
그들은 가족 중 한 사람이 물통을 메고 사막으로 떠난 직후부터
그가 돌아올 때까지 뜨거운 갈증에 빠져든다. 모두 기다랗게 목을
빼고는 앉았다 일어났다 도무지 안절부절못하는 것이다. 마침내
그가 물을 지고 무사히 도착해 천막을 열어젖히고 들어오는
찰나, 식구들의 얼굴에는 반가움과 행복감이 가득하고, 갈증은
이미 저 너머로 사라지고 온데간데없다. 터미널에서 누군가를
기다리는 사람들의 얼굴은 물 진 이를 기다리는 베두인족의
표정을 그대로 닮아 있다. 주먹을 쥐었다 풀었다 하는 손짓, 시간을

확인하는 숨 가쁜 시선, 긴장으로 꼿꼿해진 등짝, 한자리에 숱한 발자국을 덧칠하는 종종걸음…. 해갈은 한 잔의 시원한 물이 아니라 목마르게 고대해 온 해후로부터 비롯되는 것임을 우리는 도시에서도 쉽게 확인할 수 있다. 인생은 상실의 연속이고, 우리는 평생토록 누군가를 떠나보내야 하지만 눈 감는 마지막까지 작별에 익숙해지지 못한다. 인간이란 미만(未滿)한 존재이며 그래서 내내 누군가를 열망한다. 터미널이 우리에게 가르쳐주는 것은 숙명이다. 어쩌면 잔인한, 혹은 서글픈.

　　전주시 덕진구 금암동은 전주의 고속버스터미널과 시외버스터미널이 나란히 자리 잡은 시의 한복판이다. 고속버스터미널이 한 대도시의 고속버스 승차장과 다른 대도시의 고속버스 승차장을 고속도로라는 연결선으로 배타적으로 이어붙인 직선망이라면, 시외버스터미널은 대도시는 물론 중소도시의 작은 버스 정류장들을 다른 중소도시의 무수한 버스정류장과 이어주는 방사형 그물망이라 할 수 있는데, 크지 않은 도시들 가운데는 전주처럼 이렇게 고속터미널과 시외터미널이 한곳에 붙어있는 경우가 왕왕 있다. 그들이 경쟁적 관계이면서 동시에 상보적 관계이기 때문이다. 전주라는 인구 65만의 도시는 하나의 중소도시이면서 동시에 전북의 중심도시로, 완주와 익산, 정읍과 남원 등을 동생으로 아우르는 형님 격의 도시이기도 한 까닭이다. 전주는 서울과 경제적으로 수직적인 관계에 있으면서 또한 전북의 다른 도시들과 문화적으로 수평적인 관계를 맺고, 유행과 이데올로기를 앞장서 받아들여 전파하거나 반대로 섞어 되받아친다. 도로는 그 힘과 서열의 관계를 은연중에 드러내는 근대적 표상이라 할 수 있다.

  전주의 두 터미널은 전주 경제와 산업의 부침(浮沈)에 따라 몇 번의 내홍을 겪었다. 세운 지 30여 년이 지나면서 자연스레 건물은 낡고 시설도 부실해졌는데, 시의 균형적 발전 구상과 신도심 건설의 일환으로 지자체가 여러 번 터미널 이전 계획을 수립한 바 있다. 교통량 분산과 거점 개발을 위해 월드컵 경기장 부근으로 이전이 추진되었다가 전북도청 부근의 서부 신시가지 이전설이 공표되기도 했다. 그 후로도 고속터미널과 시외터미널을 포괄하는 종합터미널을 조성하는 방안이 논의되었으나 결국 흐지부지됐다. 지금은 각 터미널을 현 부지에서 리모델링하는 정도로 잦아들었다. 수많은 사람을 떠나보내고 받아 안는 터미널은 그 수많은 구상에도, 지금 자리를 떠나지 못했다. 원래 떠나보내야 하는 슬픈 운명을

지닌 이는 붙박여 살아갈 수밖에 없는 존재이기도 하다. 떠남은 버리는 자의 선택이지 남는 이의 결심이 아닌 까닭이다.

    시외버스터미널은 그간 몇 번의 보수를 거쳤지만 여전히 좁고 붐비고 낡았다. 고속버스터미널도 규모를 제외하면 낡고 추레한 것은 마찬가지다. 서울과 비교해 말하자면 '후지다'고도 할 수 있을지 모른다. 정해진 길만을 승인된 운임으로 그저 오갈 뿐인 대형 합승차량의 운명은 속도와 개별화, 자본화의 대열에서 뒤로 처질 수밖에 없었을 것이다. 그 낡은 풍경은 고속터미널 바로 건너편, 서신동의 대형 백화점과 새로 지은 매끈한 고층 아파트들과 어우러질 때 더욱 도드라진다. 복합상영관의 등쌀에 밀린 옛 단관극장들처럼, 터미널은 쇠락의 시간을 앓고 있다. 지금은

안간힘을 쓰며 옛 부지를 어렵게 지키고 있지만 얼마 안 지나 소읍의 시골 정류장들처럼 떠밀리거나 통합되어 졸아붙거나 끝내 사라질지도 모른다.

    그러나 전주의 고속버스터미널과 시외버스터미널에서 우리가 눈여겨보아야 할 것은 산업의 재편에 따라 흥망을 거듭하는 건축물의 슬픈 운명이 아니다. 부침(浮沈)은 우리가 개발의 이름으로 선택한, 불가피한 흐름이기도 하다. 문명은 속도를 통해 존재의 욕망을 해소하려고 수많은 발명을 집적했다. 아주 먼 곳에 있는 누군가에게 가 닿기 위해, 도로와 철로를 만들었고 그 이상 비행을 통해 하늘 길도 뚫었다. 도무지 알 수 없는 그 누군가의 내면에 가 닿기 위해 예술과 심리학과 휴대폰도 고안했다. 역사상 우리는 가장 긴 거리를 가장 빠르게 주파하는 존재이며, 현실과 가상을 통틀어 가장 많은 대화를 나누는 족속이다. 500km를 한 시간 만에 날아갈 수 있고, 약속시간 5분 전에 "10분만 늦을게"라는 메시지를 전달할 수도 있다. 세상은 혁신을 거듭했고, 그 결과 기술의 찬란한 발전을 이뤘다. 그 누군가에게 가 닿기 위해.

하지만 그 누군가에게 가 닿는 일이 물리적인 거리를 단축하거나 직접적인 정보를 전달함으로써 해결되는 건 아니다. 사막에 사는 베드윈족도, 도시에 사는 우리도, 모두 하나같이 간절히 원하는 건 한 가지, 촉촉해지는 것이다. 네가 내게로 와 나를 채워주는 일, 너를 눈에 담고 속 깊이 충만해지는 일, 내가 너와 더불어 삶이 비로소 온전해지는 일. 우리는 그것을 위해, 갖가지 편리한 간접적 커뮤니케이션 도구들이 존재하지만 기필코 만나는 것이다. 그래서 내가 너에게, 네가 나에게 샘이 되어 서로를 적셔주는 일이다. 기다림은 우리가 서로를 증명하는 방식이다. 당신과 내가 만나 친구가 된다는 건 내가 당신을, 당신이 나를 기다리게 된다는 것이니까. 인생은 기다리는 일이다. 삶을, 젖을, 어머니를, 선물을, 우정을, 사랑을, 이별을, 떠남을, 돌아옴을, 새로움을, 옛 것을, 죽음을, 그 다음을. 우리가 눈부신 개선을 이룬 속도는 그 촉촉함을 대체하기는커녕 다만 그에 대한 갈증을 더욱 부채질했을 따름이다.

속도가 관계를 가로지르고, 자본이 자유를 규정하는 가운데, 전주의 버스터미널은 서신동의 개벽과 금암동의 낙후라는 명암 가운데서 인류가 삶을 지탱해온 방식을 아주 또렷하게 대합실이라는 스크린에 비춘다. 터미널은 기다림을 상영하는 영화관이다. 통속적이면서 지극히 개별적으로, 공감을 이끌어내면서도 더없이 사적으로. 인간은 반복되는 삶에서 아무것도 배우지 못할 지라도 평생에 걸쳐 무엇인가를 기다리고 또 기다린다. 기다리는 것은 모두에게 주어진 운명이고, 그 이상 기다림만이 생의 의미일지도 모른다.

    전주로 들어오는 가장 일반적이고 대중적인 맨 처음 관문, 버스터미널에서 우리는 다시 떠날 것이다. 한옥마을로, 전주박물관으로, 막걸리 촌으로, 영화의 거리로, 다시 혼불공원으로, 또 어딘가로. 그래도 우리는 그 어딘가에 가 닿기 위해, 누군가를 만나기 위해, 오래 기다려왔고 또 기다리고 있으며 다함없이 계속 기다릴 것이라는 점을 확인해 두기로 하자. 전주의 두 곳 터미널은 낡고 퇴락했지만 실망할 필요는 없다.

그것은 극장의 외형일 뿐 상영되는 영화는 항상 새로울 것이니까. 그 영화의 늘 뻔하면서도 결코 눈을 뗄 수 없는 장면에 매번 일희일비하면서 삶의 페이지를 채울 것이니까, 속고 속이면서도 누누이 또 기다릴 것이니까, 그렇게 기다리면서만 새로워질 테니까.

그러므로, 우리는 누군가가 끝내 부름에 응하지 않더라도 삶을 저버릴 필요가 없다. 실망은 열망에 따라붙는 티켓의 나머지 반쪽일 뿐이니까. 어차피 우리는 또 기다리게 될 테니까. 그 기다림만이 영혼의 깊고 뜨거운 기갈을 달래줄 단 하나의 촉촉한 물 한 잔이니까 말이다.

이 세상의 모든 정류장은 사실 우리 삶의 모든 순간에 대응하는 환상의 좌표일지도 모른다. 지금의 한순간이란 출발지이면서 기착지이고 또한 종착지이며 기억으로 영원히 되풀이되는 기점이므로. 그리하여 불멸의 주소, 불변의 주소인 터미널, 그중의 한 곳 전주의 버스터미널에서 우리는 잠시 떠나는 일을 멈추기로 하자. 어차피 우리는 떠나고 있으니까. 기다리고 있으니까.

그 무수한 교차점이야말로 터미널(terminal)* 그 자체이므로.

---

* ter·mi·nal [tə́ːrmənəl]
① 끝, 말단; 어미(의 음절·글자).
② 종점(終點), 터미널, 종착역(이 있는 도시), 종점 도시(terminus); 에어터미널;
　(공항(空港)에서 떨어진 시내의) 항공 여객용 버스 발착장; 화물의 집하(集荷)·발송역
　— a bus ~ 버스 종점.
③ 학기말 시험.
④ 전기 전극, 단자(端子); 컴퓨터 단말기; 생물 신경 말단.
⑤ 건축 끄트머리 꼭대기 장식; 경계상(像)(term).
⑥ (주로 pl.) 하역요금(charges).

- 대도시의 고속버스터미널에서는 전주의 고속버스터미널로 이동할 수 있다. 서울을 기준으로 하자면 강남 고속버스터미널과 동서울 고속버스터미널에서 2시간 50분 정도 걸린다. 2013년 초 기준 서울 강남의 경우 요금은 17,900원(우등)/12,200원(일반)/19,600원(심야)이며, 동서울의 경우 요금은 19,900원(우등)/13,600원(일반)/21,800원(심야)이다. 단, 대부분의 배차는 우등버스다.

- 대도시와 중소도시의 시외버스터미널에서는 전주의 시외버스터미널로 이동할 수 있다. 서울을 기준으로 하자면 남부시외버스터미널에서 2시간 40분 정도 걸린다. 2013년 초를 기준으로 요금은 11,000원이고 모두 일반 버스로 우등 버스는 없다.

- 두 터미널에서 한옥마을까지는 택시로 15분 정도 걸린다. 버스로도 25분 정도이며, 남부시장이나 전동성당이 명기된 버스를 타면 된다. 5-1번, 79번 버스가 15~25분 간격으로 다닌다. 승차 시 기사님에게 목적지를 확인할 것.

- 두 터미널은 걸어서 3분 거리로 서로 붙어있으며 전주시의 한가운데 자리하고 있어 전주의 어느 곳으로 이동하더라도 크게 어려움이 없다. 대략 택시비로 7,000~8,000원 정도면 전주 내 어디라도 원하는 곳에 도착할 수 있다(2013년 1월 기준).

- 터미널 근처에도 식당은 많지만 가급적 목적지로 이동해 식사할 것을 권한다. 아무래도 번잡한 데다 터미널과 시내 사이의 거리도 가까운 편이기 때문이다. 전주는 맛의 고장이라 사실 터미널 근처에서도 솜씨가 괜찮은 식당이 꽤 있다. 시외버스터미널 건너편의 전주비빔밥 전문식당인 '가정회관'(063-277-1153)도 그중 한 곳이다. 그렇지만 터미널 근처는 뜨내기손님을 상대하는 지리적 특성상 대부분의 밥집이 실망스럽기 마련이다.

3   전주 동문거리

시간의 무늬

 늘어진 야근으로 자정을 훌쩍 넘긴 새벽, 끝나지 않는 업무와
연이은 회의로 눈은 시리고 목까지 칼칼해질 때면 별안간 떠오르는
뜨끈한 국밥 한 그릇이 있다. 검은 뚝배기 속에서 투명한 콩나물을
보글대며 솔솔 피어오르는 훈김, 찰랑이는 더운 육수와 국물을
머금어 한껏 보드라워진 쌀밥, 스테인리스 밥그릇에 딸려 나오는
오종종한 수란. 건건한 새우젓으로 간을 맞추고 한 숟갈 푹 퍼서
겉절이 한 쪽이나 잘게 썬 깍두기 얹어 입에 넣으면 마침내 뜨끈한
행복감이 말초신경까지 찌르르 퍼질 것만 같다. 그 한 그릇의
밥으로 도시의 밤을 덥히는 골목, 환한 낮에는 또 다른 양식(糧食)으로
사람들의 생각을 기르는 길목. 당신은 아시는지, 그 거리의 진짜
이름을, 또는 값어치를.
 동문 문화의 거리, 홍지서림 거리, 전주 헌책방 거리,
콩나물국밥 거리, 동문 시장로…. 사람들에게 여러 가지 이름으로
불리는 그곳은 행정구역명으로는 '동문길'이다. 전주 시청에서

남부시장과 한옥마을 방향으로 팔달로를 따라가다 기업은행과 선플러스 건물 앞 사거리에서 왼쪽으로 찔러 가면 되는 골목길. 경기전 뒤편이며 경원동에 속하고, 길 끝자락으로는 동문(동부) 시장과 이어져 500m 남짓한 이곳은 (헌)책방 거리, 콩나물국밥 거리, 옛 시장의 상점가 거리로 크게 세 등분 할 수 있다.

    현황을 둘러보기 전에, 먼저 이곳의 옛 모습을 그려보는 편이 거리의 형성을 이해하는 데 도움이 될 수 있으리라. 동문(東門)이라는 이름은, 고려 초 세워진 전주부성(全州府城)에다 조선 영조 때 붙여 세운 3대 문의 호칭에서 기원한다(당시에는 남문이 없어 4대 문이 되지 못했다). 이 가운데 동문은 판자를 통판으로 붙였다 해서 '판동문'(板東門)이라 불렀는데, 그 후 동문을 다시 고쳐 세우면서, 완주의 동문이라는 뜻의 '완동문'(完東門)으로 이름 지어졌다. 하지만 1905년, 일제가 조선 지배 정책의 일환으로 풍남문을 제외한 나머지 3대 문을 모두 헐어버리면서 자취 없이 명칭만 남게 된다.

    조선 영조 시절부터 최근까지 동문 밖에는 시장이 융성했다. 길을 따라 물자와 사람이 넘나들고 그 길목이 융성해지는 것이 유통의 자연스러운 습성일 터. 동문은 경기전과 향교가 가까운 까닭에 저절로 유생들의 나들목이 되었다. 전주가 최상품 한지의 주 생산지였던 덕분으로 한지의 재료가 되는 목재 거래가 이곳에 흥하게 되고, 이에 덧붙어 목판 조각자인 '각수'(刻手)들까지 한데 모여들면서 이 동문 길목은 시장의 먹거리 유통을 기본으로 하면서 더불어 책방 길로도 성시를 이루게 된다. 특히 1823년부터 1932년까지 110년간, 동문 길목은 한반도 이남의 책 공급을 거의 전담했다고 해도 과언이 아니다. 이를 가리키는 이름이

완판본(完板本), 다시 말해 완산 목판본(完山 木版本, 완산은 그 당시에 전주를 부르는 지명)이다. 당시 서울의 경성 목판본과 함께 쌍벽을 이루며 고대 국문 소설을 전국에 공급하는 창구 역할을 했다. 문명, 다가서포, 남창서관 등 출판사 10여 곳이 저만의 독특한 서체로 민중 이야기를 소설로 찍어내 각지에 전파했다는 기록이 남아있다.

　　지금의 이 (헌)책방 거리는 그렇게 동문길 서림(書林)의 역사에 닿는 것이다. 팔달로에서 동문길로 꺾어드는 초입의 한국종이문화원과 선플러스 빌딩에서부터 100m 정도는 일신서림, 태양서림, 홍지서림, 한가서림 등 좌우로 책방들을 아우르며 전주의 현대사를 이뤘다. 1980년 홍지서림이 지금의 자리로 이사와 번성하면서 그 좌우로 하나씩 헌책방들이 들어서게 된 것이 그 시초라고 한다. 홍지서림은 당시 민중서관과 더불어 전주의 엄지손가락을 다투는 대형서점으로 자리매김했고, 헌책방들은 전주뿐 아니라 전북 곳곳의 저렴한 책 수요를 끌어와 이름을 얻으면서 동문길은 차츰 책방의 '메카'로 옛 서림의 명성을 다시 잇게 되었다. 소설가 최명희와 은희경, 평론가 남진우가 이 동문길이 키운 대표적인 문인들이다. 또한 어릴 적 홍지서림에서 꿈을 키운 '문학소녀'에서 이윽고 문단의 중진으로 성장한 소설가 양귀자가 1999년, 부도 위기에 내몰린 홍지서림을 전격 인수해 전주 곳곳으로 점포를 늘리고, 각 매장을 강연과 토론이 함께 이루어지는 복합문화공간으로 탈바꿈시킨 내력을 간직하고 있기도 하다.

　　그러나 책숲(書林, 서림)의 명성이 복원되는 영광의 시절은 길지 않았다. 변종 도서정가제와 대형서점의 출현, 인터넷서점과의

경쟁으로 동네 책방부터 우수수 쓰러지기 시작하는 세기말의 출판 불황은 전주의 책방 거리에도 어김없이 닥쳐왔던 것이다. 못 견딘 곳부터 하나둘 폐점하면서, 이제 헌책방은 6~7곳 남짓, 새 책방은 외국어 전문서점을 제외하면 사실상 홍지서림 한 곳만 남았다. 화가들이 새롭게 그려준 태양서림의 간판에는 책이 활짝 펼쳐져 있지만, 지금 동문거리 책방 가에는 멈춰 서 책을 들춰보는 사람들보다 쌩하니 스쳐갈 뿐인 자동차들이 더 많다. 전주 토박이 김현태(평화동 거주, 41세)씨는 이렇게 추억한다. "학창 시절 동문거리는 사람들로 가득했고, 거기서 책 한 권 사보지 않은 학생은 한 명도 없을 거예요. 그땐 지금보다 훨씬 더 책방이 많았고, 희귀한 책, 절판된 책을 구하기도 쉬웠어요. 새 책방과 헌책방이 공존하는 동문길의 유별난 특성 때문이죠." 동문 책방 거리가 전주 사람들에게 제공한 것이 단지 책이라는 종이묶음에 지나지 않는다고 여기는 사람이 있다면, 그는 아주 용감하거나 더없이 불쌍한 사람일 것이다.

  책방 거리를 지나온 방향으로 계속 동문네거리를 직진하면, 거기서부터는 콩나물국밥의 길이다. 콩나루콩나물국밥, 왱이콩나물국밥(왱이집), 동문원, 다래콩나물국밥, 풍전콩나물국밥…. 규모가 꽤 큰 콩나물국밥 전문식당들이 100m 길을 다시 좌우로 늘어선다. 이 콩나물국밥 촌은 영화의 거리 부근의 삼백집, 남부시장 콩나물국밥 골목과 더불어 전주의 '콩나물국밥의 삼국지'를 이룬다. 왱이집의 선전문구 '손님이 주무시는 시간에도 육수는 끓고 있습니다'처럼, 이곳의 국밥은 밤낮을 가리지 않고 전주 시민들의 허기를 채웠다. 계란을 국물에 풀고 펄펄 끓여서 상에 내는 삼백집과는 달리, 이곳의 국밥은 약간 식혀 손님이 바로

먹기 좋도록 알맞게 데워내며 수란을 곁들인다는 점에서 차이가 있다. 거기다 재미있는 건 밥도 콩나물도 얼마든지 무료로 더 주문할 수 있다는 점('리필'의 가장 성가신 짝패인 '불친절' 혹은 '쌀쌀맞음'은 찾아볼 수 없으니 안심해도 좋다). 5,000원짜리 한 장이면 학생부터 운동선수까지 차별하지 않고 든든히 배를 채워주는 것이다. 콩나물국밥에다 모주 한 잔(1,000원)을 곁들이면 식사로서만이 아니라 해장으로도 더할 나위 없이 훌륭한데, 막걸리에다 대추, 계피, 칡 등 다양한 한약재를 넣고 하루 동안 끓여낸 이 술 아닌 술은 알코올은 날아가고 달큰한 데다 속까지 뭉근하게 가라앉혀 술꾼들의 깊은 사랑을 받고 있다.

　　전주 콩나물국밥의 연혁은 해방 전부터 기원해 60여 년을 헤아리며, 동문길 국밥집의 이력도 30년을 훌쩍 넘긴다. 해방과 전쟁, 산업화라는 연이은 격변이 있었음에도 국밥집들은 솥의 불을 한 번도 꺼뜨린 적이 없었다고 한다. 푸짐하게 재료를 아끼지 않으면서도 적당한 가격을 유지하고 손님들까지 끌어모으는 경영의 비결을 캐물었을 때, 사장님은 이렇게 대답했다. "밥상에서 원래 인심 나는 법이제"(왱이집 유대성 대표). 식당에 새겨진 세월을 장사의 셈법으로만 따지는 것은 무안한 일이기도 하다. 누군가를 먹이면서 저도 살아온 이들에게는 특별한 존중이 필요한 법이니.

　　마지막으로는 노포(老鋪)들의 거리다. 동문거리는 책방 거리, 콩나물국밥 거리를 지나 이 오래된 상점가들을 마지막으로 동문(東部) 시장과 맞물리게 되는데, 왱이집 못 미쳐 동양세탁소부터 첼로세탁소, 춘하추동양복점, 성미양복점, 장가네왕족발, 호산나수선, 노송왕대포로 끝난다. 이 300m 정도는 쇠락한 동문 시장의 흔적을 그대로 지니고 있으면서도 공공 미술의 힘으로

새롭게 정비되고 자리매김하고 있어, 근대와 현대의 결혼, 상업과
예술의 이종교배라 불릴 만하다. 가게 하나하나를 살피면서 걷는
게 이 길의 우뚝한 재미인데, 대형 벽화들이 구석구석을 채우고,
건물 외벽에는 하나하나 세심하게 매만진 조각품들이 붙어있다.
하물며 닫힌 가게의 내려진 셔터 위에도 감수성 짙은 이미지들이
선연하다. 앞서 설명한 가게들은 90년대 이후, 대형마트의
습격으로 재래시장의 '혹한기'를 겪으면서도 여전히 자리를 지킨
노포들인데, 점포들은 스스로의 운명을 낡음에 기대면서, 오히려
그것을 무기로 저항하거나 혹은 퓨전화하면서 인적과 자본이
사라진 옛 시장의 가치를 묵묵히 웅변하고 있다. 지자체는 전선을
지하로 깔고 전봇대를 없애는 지중화사업이나 시(市)와 시민단체가
주도하는 미술작업으로 이 동네가 '관광형 시장'으로 바뀔 거라고

기대하지만, 그들은 남루할지언정 당당하며 낡고 소박하더라도
대세(trend)를 추종하지 않으면서 제 영락을 담담하게 견딜 뿐이다. 그
모습이 마치 누군가의 뒷모습인 것만 같아 거니는 내내 괜히 눈가가
뜨듯해지기도 했다. 여기야말로 전주의 거짓 없는 현재일지도
모른다는 생각은 행인으로서의 편견이었을까, 그저 무관한
타인으로서의 교만이었을까.

　　일부 식당과 건물이 리모델링하기도 했지만, 동문길 상점가를
관류하는 특징은 세월의 무늬가 가게들에 일일이 새겨져 있다는
데 있다. 전주시와 공공작업소 심심(http://www.simsim.or.kr)이 시도한
공간문화 재구성은 절반의 성공인 동시에 절반의 실패였다.
거리미술작업과 건물 외관에 들인 예술가들의 섬세한 노력에도,
거리는 아직 시민들과 소통하지 못하고 있는 것으로 보이며,
상인들도 잇따라 이곳을 떠나고 있는 까닭이다. 외적인 아름다움은
눈을 끌지만 마음까지 끌지는 못한다. 이야기를 창출하는 것은
외형을 꾸미는 노력이 아니라 상대를 쓸어주고 안아주고자
노력하는 성심과 성의일 것이다. 아무리 푸짐하고 맛있는
국밥일지라도 한 술에 배부를 수는 없는 노릇. 단번에 끝나는 것이
아닌 2차, 3차로 이어지는 구체적이고 생동감 있는 거리 구성
의지와 주민들의 자발적인 노력만이 이 '동문거리 프로젝트'를 뻔한
마케팅 전략이 아니라 사람과 문화가 길을 바탕으로 서로 대화하는
행복한 실험으로 거듭나게 할 것이다.

　　일제강점기 때 지어진 건물을 뒤엎기는커녕 형태를
그대로 남기고 실내만 현대식으로 고쳐 계속 쓰고 있는 장가네
왕족발집에서 족발 한 접시를 시켰다. 족발이 나오기도 전에,

주인은 빈 속부터 채우라며 푸짐한 국밥 한 그릇을 먼저 내주었다. 이어 새로 썬 족발 접시가 뒤를 이었고, 주인은 양이 모자라면 얘기하라며 눈 한쪽을 찡긋거리고는 웃으면서 다른 손님에게 돌아섰다. 워낙 저렴한 데다 곳곳에 숨어있는 생각지도 못한 배려로 찾는 이들을 융숭하게 반겨주는 이 가게들이 동문거리, 아니 전주의 오래된 힘이며 은은한 매력은 아닐지. 사람을 만드는 것은 밥이고 책이며 또한 차와 술 같은 너나들이 음식일진대, 전주 사람들을 먹이고 키우며 또한 가르쳐온 '사회적 보육'을 동문거리가 맡았던 건 아닐지 잠시 헤아려봤다. 시장에서부터 시작해 국밥집, 책방으로 넓혀온 이 길의 내력은 그대로 이 땅의 근대 문화사와 일치한다. 그러나 책방이 무너지기 시작하고 시장마저 사라질 위기에 처했으며, 규모화에 성공하지 못한 국밥집의 운명도 바람 앞의 등불인 지금, 나는 그 오래된 가치를 긍정하고 지지하는 것만으로 역할을 다했다고 할 수 있을지 의심해 본다. 걷는 이보다 자동차가 더 많은 거리, 노포들이 떠나는 거리, 술집과 카페만이 남는 거리가 끝내 거리일 수 있을까. 거론할 수 없는 전주의 진짜 특산물이란 서로 다른 존재들이 그렇게 오래도록 어깨를 맞붙이고 살아온 역사인 것을. 우리는 재개발이란 이름과 성장과 발전이라는 명목으로 이미 온전한 삶을 해체하고 파편화된 이윤으로, 고수익의 부동산이라는 제 목을 조르는 환상으로 일시에 환전해 버린 건 아닐는지.

    아직, 완전히 저물지 않은 동문거리에서.

- 동문 문화의 거리의 콩나물국밥집은 '왱이집'이 가장 유명하지만, 다른 곳들도 결코 뒤떨어지지 않는다. 한 곳만 고집하기보다는 두루 맛보고 평가할 것을 권한다.

- 동문 문화의 거리는 특이한 술집들이 모여 있는 곳이기도 하다. '새벽강'(063-283-4388)의 주인 은자 씨가 내키는 대로 즉석에서 만들어주는 안주, '겐스빌'(063-285-2546)의 이름난 옛날 치킨, 매콤하고 중독성이 깊은 '해태바베큐'(063-282-9509)의 양념 닭바비큐, '별들의 고향'(063-232-7942)의 마약찌개와 추억의 도시락, 막걸리 전문점 '귀인집주'(063-282-4009)의 송명섭 막걸리와 밥전, '장가네 왕족발'(063-282-7476)의 족발…. 일일이 말하기 힘들 정도로 이름난 맛집과 각별한 주점이 많다. 다른 고장과는 달리 전주에서 '맛있다' 회자되는 곳에는 심한 과장이나 허영이 없다. 직접 경험해 보길 바란다.

- 터미널에서 동문 문화의 거리까지는 택시로 10여 분, 버스로는 15~20분 정도 걸린다. (전북)예술회관 정류장에 하차하는 버스를 타면 된다.

- 이곳에서 걸어서 5분이면 한옥마을, 10분이면 남부시장(풍남문), 20분이면 전주국제영화제가 펼쳐지는 영화의 거리에 닿을 수 있다.

- 숙소는 동문거리 내 한옥모텔(063-231-7770)이 있는데, 이름만 '한옥'일 뿐 실제로는 전형적인 여관이다. 영화의 거리 쪽 숙박(한성호텔 063-288-0014

www.hotelhansung.kr, 시네마모텔 063-283-6111)이나 한옥마을 내 한옥 민박(전주한옥체험관 063-287-6300 http://www.jjhanok.com, 학인당 063-284-9929 http://cafe.naver.com/hakindang)을 이용해도 멀지 않다.

4 황방산 서고사와
   기형도 시인

기억할 만한 지나침

*

둥근 지붕을 가진 전주 고속버스터미널의 대합실에 한 남자가
양손을 주머니에 꿰고 약간 어색하게 서 있는 한 장의 흑백 사진이
있다. 1988년 8월, 무더운 한여름 오후에 찍은 사진이다. 그는
전날, 선배 소설가가 거처하고 있는 산사를 찾아 하룻밤 묵고,
전주 시내로 나와 아침 겸 점심으로 백반을 먹고는 카페를 찾아
커피 한 잔을 마신 후 일행과 헤어진 참이었다. 광주로 가기 위해
터미널을 찾던 그는 행인에게 자신의 카메라를 내밀었던 것 같다.
자연스러워 보이려고 바지 주머니에 손을 넣었지만 살짝 긴장한 듯
보인다. 그의 뒤로는 사람들 한 무리가 목을 빼고 버스를 기다리는
모습인데, 터미널은 환하고 플랫폼 쪽은 빛이 쏟아져 들어와
마치 다른 세상으로 가는 입구 또는 출구 같다. 그는 포즈를 취한
후, 카메라를 돌려받고는 시간에 맞춰 그 환한 입구 혹은 출구로
뚜벅뚜벅 걸어갔을 것이다.

*

절을 찾아가는 길은 어렵지 않다. 전주의 서쪽, 누런 삽살개 산이라 불리는 황방산 입구, 만성주유소 담벼락에 안내석이 놓여 있고, 그 위로 펼쳐진 비포장 길을 따리 틀 듯 900m 정도 오르면 된다. 산의 높이는 217m로 야트막하나 전주의 다른 산들이 흔히 그렇듯 만만하게만 볼 수 없는 험한 골짝을 곳곳에 품고 있다. 그러나 길은 절 앞까지 비교적 평탄한 편이어서 자동차로도 닿을 수 있다. 마지막 한 굽이를 꺾어 오르면 고찰의 품새가 비로소 한눈에 들어온다. 극락보전, 나한전과 새로 지은 전각 하나, 낮은 요사채가 전부인 아담한 절간이다.

*

그때 그의 나이 스물아홉이었다. 형편은 가난했으나 아주 총명했고, 수줍음이 많았으나 사람을 좋아해 두루 환영받았던 변두리 출신의 키 크고 잘생긴 청년은 시 "안개"로 자신의 재능을 세상에 드러낸다. 빠져나갈 수 없는 거대도시의 한복판에 꽂힌 절망과 비극을 기이한 이미지로 치환했던 그는 마술처럼 화려하지만 꼭 그만큼 덧없는 도회지의 삶에 진저리를 치는 중이었고, 숨 막히는 회사원의 업무와 쓰고자 하는 시인의 욕망 사이에서 간신히 휴가를 내 전주에 들렀다. 좋아했던 선배 소설가가 몸을 숨긴 자그마한 고찰을 찾아. 청춘의 끄트머리에서 그는 선배 소설가에게 "삶에 성실하지 못했고, 삶을 저버렸으며, 그 저버림을 속으로 기꺼워했다"고 털어놓았다. 이 짧은 여행 이후 청년은 수많은 시를 폭죽처럼 터뜨렸으나 한편

•

35

고독을 폐병처럼 앓았다. 그의 영혼은 '검은 페이지'들로 자꾸만 좀먹어갔다.

*

절에 새겨진 세월은 천 년을 거슬러 오른다. 견훤이 후백제의 도읍을 전주에 정하면서 동서남북에 각각 동고진, 서고진, 남고진, 북고진을 두었는데, 각 진에는 사찰을 지어 나라의 군사적 방비뿐 아니라 백성의 정신적 교화까지 함께 아우르고자 했다. 서고진에 세운 이 절의 이름이 서고사다. 절이 자리한 황방산의 마루에는 진의 흔적인 산성의 주춧돌이 일부 남아있어 동고사, 남고사와 마찬가지로 서고사 역시 국가적 안위를 위해 치밀하게 계획된 사찰임을 짐작할 수 있다. 단, 현재의 서고사는 천 년 전의 서고사와는 다른데, 여러 번의 화재와 6·25 등을 거치면서 옛 절이 불타버려 1989년에 다시 세워진 것이다. 그러나 황방산에 기대어 서전주의 들판을 멀찍이서 지켜보는 서고사의 풍광은 천 년 전 서고사의 풍취와 그리 다르지 않을 것이다. 전주의 사고사(四固寺)는 이렇게나 묵은 맛이 깊어 고도는 그리 높지 않지만 마음에 알싸하게 스며드는 구석이 있다.

"서고사 가는 길은 복숭아밭과 개망초, 그리고 이름 모를 꽃들과 풀들, 나무들, 옥수수와 담배 밭, 고구마 밭으로 가득하였다… 바위에서 바라다보이는 들판은 거대한 바다로 보였다. 먼 데 호수가 있었고 농사들과 송전탑이 내려다보였다…방은 나한상을 모신 곳 바로 위쪽이었는데 조금만 바람이 불어도 뒤집혀질

것처럼 종이갑으로 만든 쪽배 같았다…밤은 깊었고 이미 해가 진
뒤 오래였으니 하늘엔 별이 총총했다. 유성 두 개가 너무도 길게
떨어져 우리 모두 탄성을 질렀지만 칠흑 같은 어둠 속에서 비행기의
굉음이 터져나와 모두 크게 웃고 말았다."

*

서고사 가는 길은 그가 적은 풍경과 크게 다르지 않다. 길의
좌우로는 벚나무와 매화, 동백이 가득해 봄이면 온통 화사해진다.
시선이 떨어지는 아래로는 너른 밭이 펼쳐져 있다. 곧 서부
신시가지로 새롭게 개발될 그곳은 한겨울에 보면 눈으로 뒤덮은
평지라 온통 흰색의 벌판, 순백의 바다가 된다. 개발이 본격적으로
진행되지 않아 아직 옛 모습을 그대로 지니고 있는 서고사의
풍광은 어두워지면 밤하늘에 유려하게 펼쳐지는 아름다운
별천지로 새로이 감탄을 끌어온다. 마당이 툭 터진 절은 큰 바람에
휩싸이면 물결치듯 일렁이는데, 극락보전 뒤편의 대나무 숲이
좌우로 파도치며 바람의 꼬리를 감아 다시 산 밑으로 흘려보낸다.
전주는 조금씩 그러나 분명하게 현대 도시로 변하고 있는 중인데,
서고사만큼은 아직 그 옛 자취가 선연하다.

"서고사의 옆 언덕에서는 언제나 해지는 것만 볼 수 있다.
서고사의 하늘은 서역(西域)이고 그 길은 인도(印度)로 뻗어있다.
서고사에는 해가 뜨지 않는다. 그곳에 서면 한없이 위축되고
겸허해지는, 그래서 오히려 조금은 속세를 향해 우쭐할 수 있는,
검고 넉넉한 바위들…. 서고사의 빽빽한 나무들은 별빛이 가득한

한밤중에 딱딱하게 굳은 먹물처럼 보였다."

*

서고사의 아름다움은 작지만 고절한 전각의 건축미에서 비롯하거나 산의 지형을 절의 후원으로 받아들인 생태적 설계의 탁월함에서 우러나오기보다는 처마 아래로 펼쳐지는 서전주 들판의 해방감에 빚지고 있는 듯하다. 절은 세상의 길들을 물고 파고들어가 끝내 돌아나와야 할 곳에서 뿌리박으며 그 자체로 하나의 정경(情景)이 된다. 길이 끊기는 곳에서 무릎 꿇고 스스로 길이 되는 절은 세상을 등지면서도 그 세상의 포주(抱主)이자 노예인 사람을 다시 위무한다. 서고사 마당에 서면 눈 아래로 펼쳐지는 까마득한 풍경은 내가 아주 멀리 달아나 있으면서도 한편 다시금 돌아가야 한다는 것을 시인하도록 만든다.

> 그리고 나는 우연히 그곳을 지나게 되었다
> 눈은 퍼부었고 거리는 캄캄했다
> 움직이지 못하는 건물들은 눈을 뒤집어쓰고
> 희고 거대한 서류뭉치로 변해갔다
> 무슨 관공서였는데 희미한 불빛이 새어나왔다
> 유리창 너머 한 사내가 보였다
> 그 좁고 큰 방에서 서기는 혼자 울고 있었다!
> 눈은 퍼부었고 내 뒤에는 아무것도 없었다
> 침묵을 달아나지 못하게 하느라 나는 거의 고통스러웠다
> 어떻게 해야할까, 나는 중지시킬 수 없었다

나는 그가 울음을 그칠 때까지 창 밖에서 떠나지 못했다

그리고 나는 우연히 지금 그를 떠올리게 되었다
밤은 깊고 텅 빈 사무실 창 밖으로 눈이 퍼붓는다
나는 그 사내를 어리석은 자라고 생각하지 않는다
- 기형도, "기억할 만한 지나침" 詩 전문

*

빌딩 창문으로 한 남자가 울고 있는 게 보인다. 밤은 깊고 폭설이
쏟아지는데 그는 하염없이 눈물을 흘린다. 그를 보고 있는 나는,
그를 달래지는 않으나 그가 울음을 그칠 때까지 자리를 떠나지
못한다. 울고 있는 '그'와 그를 바라보고 있는 '나'는 사실 같은
사람이다. 그저 눈물 흘리면서 혼자 감당할 수밖에 없는 일이
우리 삶에는 얼마나 많은가. '희고 거대한 서류뭉치'처럼 창백하고
기계적인 일상에서, 운명은 때때로 잔혹해지고 우리는 속절없이
눈물만 흘리면서 불가피한 수락을 애써 지연시킬 따름이다.
자신에게 연민을 허락하지 않으면서도 그 울음을 끝내 기억하려
했던 한 청년은 짧은 서고사 여행 뒤에 이 시를 남겼다. 눈물을
흘리고 있는 자아와 그것을 바라보는 자아 사이에서 그의 일생은
촛불처럼 흔들렸다. 그 겹치는 자리, 이러지도 저러지도 못하지만
끝내 견뎌야 하는 그 자리가 바로 삶의 엄혹한 순간이며 개발의
삽날 앞에 선 옛 자취의 운명이기도 하다라고 한다면 이는 다만
섣부른 과장일까.

"나는 돌아가고 있는 것이다. 나를 기다리고 있는 일상들을 향해 기차는 전속력으로 달린다. 물 밑에 가라앉아 있던 것들이 다시 너절하게 떠오르리라…희망이 보이던가. 귀로에서 희망을 품고 걷는 자 있었던가?…차창 밖 국도에 붉은 꼬리등을 켠 화물트럭이 달린다. 멀리 보이는 작은 불빛 하나하나마다 일생(一生)의 일가(一家)를 이루고 있다. 흘러가버린 나날들에게 전하리라. 내 뿌리 없는 믿음들이 지금 어느 곳에서 떠다니고 있는가를…이 짧은 여행에서, 만났던 사람들을 기억하며, 서울에서 나는 멎는다."

*

그의 여행은 전주에 이어 광주, 순천, 부산으로 이어지다 서울로 돌아간다. 엄결한 감성으로 도시와 일상의 폭력을 내밀하게 짚어내던 시인은 빛이 쏟아져 들어오는 새벽의 영화관에서 생을 마감한다(1989년 3월 7일 火). 그는 죽기 일주일 전쯤 자신이 어떤 병명으로 죽게 될지 이미 알았으며 그것을 친구에게 전했다고 한다. 그가 '멎'었던 곳들마다 꽃처럼 핀 시들은 그 후로 진눈깨비처럼 세상을 휘저으며 널리 읽히고 있다. 그는 돌아 못 올 길을 갔으나, 삶을 하나의 정거장으로 보고 그 정거장 말미에 남긴 그의 섬세한 충고들만은 오롯이 기억되고 또한 기려질 것이다.

지금의 서고사는 그가 삶을 버린 바로 그해에 다시 세워진 절이다. 그가 찾았던 선배 소설가 또한 서고사를 떠나 전주보다 더 오래된 왕조의 도읍지로 거처를 옮겼다. 사찰이 일어나고 삶이 스러지며 생을 옮기는 그 순간의 절박함은 수십 년이 지나도록 변함이 없는데, 적막한 절은 쓸쓸하고 그 아래서 포크레인 소음 메아리치는 세상은 찬밥처럼 점점 더 뻣뻣해진다.

> "나는 한동안 무책임한 자연의 비유를 경계하느라 거리에서
> 시를 만들었다. 거리의 상상력은 고통이었고 나는 그 고통을
> 사랑하였다. 그러나 가장 위대한 잠언이 자연 속에 있음을 지금도
> 나는 믿는다. 그러한 믿음이 언젠가 나를 부를 것이다. 나는 따라갈
> 준비가 되어 있다. 눈이 쏟아질 듯하다."
>
> — 1988년 11월 詩作 메모

*

책에 나오는 시인 기형도의 글들은 문학과지성사에서 1999년 출간된 『기형도 전집』에서 빌려왔다. 그의 시집은 딱 한 권, 세상을

떠난 해에 나온 『입 속의 검은 잎』(문학과지성사, 1989)뿐이지만 그 후 서고사 여행기 등 그의 산문을 따로 모은 『기형도 산문집_짧은 여행의 기록』(살림, 1990)이 출간된 바 있다. 이후에 새로 발견된 그의 습작시들과 일기, 메모 등을 망라해 다시 꾸민 책이 『기형도 전집』이다. 성석제, 원재길, 장정일 등 그의 문단 친구들이 시인을 기려 자신들의 시와 소설, 비평과 개인적인 감회 등을 묶은 『사랑을 잃고 나는 쓰네』(솔, 1994)라는 책도 있는데, 개인적으로는 『사랑을 잃고 나는 쓰네』에서의 성석제, 장정일의 글이 아주 높은 밀도를 지니고 있는 바, 더불어 읽어보시길 권한다. 그의 여행기 중 "서고사 가는 길" 등을 읽어보면 그가 얼마나 순결한 감성으로 삶과 시를 대했는지가 여실히 드러난다. 서고사 여행을 계획하고 있다면 앞서 읽어보면 더욱 좋겠다.

*

기형도가 서고사를 들렀다 가는 길에 일행과 함께 즐겼던 백반집(국일관)이 지금은 사라지고 없으나 주인이 자리를 옮겨 전주천변 남천교 부근에서 '남천마루'(전주시 완산구 교동1동 183-2, 063-282-3330)라는 칼국수와 팥죽 전문점을 성업 중에 있다. 백반은 아니지만 솜씨는 여전해 꼭 한번 찾아볼 만하다. 또한 그가 들렀던 카페 '빈센트 반 고흐'(전주시 완산구 고사동1가 66-5 063-288-2189)는 영화의 거리 부근 롯데리아 건너편에서 그대로 명성을 지키고 있다. 1979년부터 문을 연 전주 최초의 커피전문점이기도 하다. 프랜차이즈 카페가 고급스러운 인테리어와 맛없는 커피로 세상을 전염병처럼 뒤덮은 지금도 그곳은 여전히 향그럽고 맛이 깊은 커피를 낸다.

[서고사(西固寺)]
대한불교조계종 제17교구 본사인 금산사의 말사로, 908년(후백제 견훤왕 17년) 명덕(明德)이 창건하였고, 1363년(고려 공민왕 12) 혜공(惠空)이 중창하였으며, 조선 초기에 벽송(碧松) 지엄(智嚴, 1464~1534)이 중건하였다.
  그 후 화재로 폐사된 뒤 조선 후기에 다시 중창하였으나 화재와 동란으로 명맥만 유지되다가 1989년에 불사를 시작하여 지금에 이르렀다. 전각으로 극락보전과 나한전 등이 있으며 새로 지은 중층 건물 뒤편에 석인상 하나가 비스듬히 누워있어 찾아볼 만하다. 주소는 전주시 덕진구 만성동 84번지.

- 서고사가 위치한 황방산은 야트막한 산으로, 용터, 황방산성지, 만 이천기의 석물을 지닌 일원사 등 아울러 볼 것이 적지 않은 산이다. 여유롭게 걸으면 하루 코스로 넉넉하다. 주변에 식당이 없으니 산행을 계획한다면 물을 미리 준비하는 것이 좋다. 서고사만 본다면 1시간 정도 걸린다. 절에서 보이는 드넓은 풍광은 곧 서부 신시가지로 전격 개발될 예정이다.

- 서고사는 덩치가 큰 개를 몇 마리 키우고 있다. 그중 방문객을 잘 따르는 진돗개 진돌이가 성질이 온화한 데 비해 묶여있는 허스키견 보름이는 꽤 사나운 데가 있으니 주의해야 한다.

- 서고사에서 차로 7분 거리에는 전주 영화종합촬영소(전주시 완산구 상림동 538번지 063-222-0244 www.jjfc.co.kr)가 있다. 쌍화점, 평양성, 전우치 등의 야외 세트장으로 사용되었으며 걷는 길이 좋아 선선한 날씨에는 같이 둘러봐도 나쁘지 않겠다.

45

- 서고사 부근에는 식당이 없으므로, 전주대 부근으로 이동해 식사할 것을 권한다. 전주대 구 정문 부근의 생면 국수 맛집인 '우리 국수 잘하는 집'(063-237-0660)이 유명하며, 전주대 구 정문 안쪽으로 학생들에게 이름난 밥집 '진미&진미'(063-227-9487), 돈가스와 파스타, 오므라이스가 유명한 '착한 토마토'(063-223-0810), 전주대와 영생고등학교 사이에 위치한 약간 고급스러운 레스토랑 '그랑뻬아또'(063-236-1110)도 있다. 선화학교 맞은편에 '강고집 설렁탕'(063-226-7733)도 추천할 만하다

- 남부시장 방면 전동성당 한옥마을 정류장에서 69번(배차시간 90분), 70번(배차시간 180분)을 타고 만성리 정류장에 내려서 SK주유소까지 3분쯤 걸어온 뒤 서고사 안내석이 가리키는 방향으로 15분쯤 오르면 된다. 경사는 가파르지 않다. 택시를 탈 경우 시내에서 10,000원 안쪽의 요금이 든다. 절을 둘러보는 데는 30분 정도 걸린다.

- 서고사 주변에는 묵을 곳이 없다. 전주도청 부근 효자동 모텔촌이나 완산구청 부근 중화산동 모텔촌이 가깝다. 하지만 약간 거리가 있더라도 영화의 거리 쪽 업소(한성호텔 063-288-0014 www.hotelhansung.kr, 시네마모텔 063-283-6111)나 한옥마을 민박(전주한옥체험관 063-287-6300 www.jjhanok.com, 학인당 063-284-9929 cafe.naver.com/hakindang)을 이용하는 편이 절 구경을 한 뒤의 숙박으로는 더 알맞다.

5   남고사와 남고산성

마지막 풍경

너를 잃고 목어(木魚, 절에서 쓰는 내부가 텅 빈 물고기 모양의 북)처럼 속이
쿵쾅거리던 날, 남고사를 찾는다. 외롭고 높다란 산, 고덕산
산줄기에서 잠시 헤매다 도로 내려와 마을 어귀에서 택시를 잡았다.
차는 곧바로 중턱을 휘돌더니 몹시 가파른 비탈길을 달렸다.
뒷좌석에서 나도 모르게 보조 손잡이를 꽉 움켜쥘 정도로 위태롭게
경사진 험로였다.

성문터와 연못을 지나, 천왕문 앞에 내려준 택시는 차를 돌려
내려가고, 나는 전주 시내가 환히 내려다보이는 풍광 앞에서
잠깐 서 있었다. 절은 굽이치면서 전각을 펼쳐 불사와 산과 빛이
중첩하는 환상을 먼저 내보이고는, 이윽고 꽃 창살 문을 열어
부처의 아련한 미소를 흘렸다.

불당을 하나하나 돌아보는 동안 인적은 없었는데, 나는 왠지
누군가가 자꾸 뒤에 숨는 것 같아 몇 번이나 침을 삼켰다. 절 뒤편은
다시 깎아지른 산등성이, 그 깊은 곳에는 옛적의 산성. 쓰러진

•

나뭇가지를 지팡이 삼아 올라 석벽을 따라 걸으며 천 번, 만 번, 억 번의 정경을 보았더랬다. 그 모든 풍경이 딱 하나, 단 한 사람을 비추는 것만 같았던 건 미망이었을까 섬망이었을까. 숨이 턱까지 차오르는 가운데, 마침내 절벽 끄트머리인 옛 망루에 서서 나는 소리치고 싶었다. 그렇지만 내가 증명할 수 있는 건 나 자신뿐, 너는 아니었고 우리는 서로 관계 맺을 따름이지 내가 너이며 네가 나일 수는 없는 건 아니었을까. 바람이 솔숲을 뒤흔들고 옷자락을 흩날리며 심술궂게 굴 때, 나는 눈을 감았다. 눈물이 흘러내린 건 먼지 때문일 뿐 다른 이유가 아니었다고 항변했지만 들어줄 이가 없었다.

    밑에서 올려다보면 산은 얼마나 푸근하고 온화해 보이는가. 이렇게나 낮은 전주의 산들도 막상 올라보면, 깊은 골짜기와

시퍼렇게 날선 능선을 품고 있다. 정상에 서본 이들만이 하산을 선언할 자격이 있다. 나는 과연 끝에 도착했던가. 우리는 서로 볼 것을, 볼 장을 다 보았던가. 바람 그친 데서 햇볕이 뜨거워졌는데, 그 온통 환한 데서 나는 별안간 부끄러워졌다.

    너를 만나는 건 매번 집 짓는 일 같았다. 다시 세우고 무너뜨리고 거듭 세우는 작업. 다투고 화해했다가 돌아서고 다시 납득했던 건 우리가 이해하는 과정이었을까, 포기하고 마는 경로였을까. 까마득한 계단을 지나, 아득한 숲길을 넘어, 길이 사라진 길목마저 건너면 거기 바위에 새겨진 옛 충신의 비문(秘文) 한 수. "천길 바위머리 돌길로 돌고 돌아 홀로 다다르니 스미는 감정 이길 길 없네"(정몽주). 길을 돌고 돌아 이른 곳도 끝내 길이 아니었음을 말하는 그는 어쩌면 그리도 나와 당신을 닮았던지.

●

49

산성을 뒤로 하고 노을져 노랗게 빛나는 남고사 천왕문을 어루만질 때, 뒤편의 늙은 숲이 어서 가라고 배웅하듯 우우우 물결쳤다. 걸어 나오며 나는 이 절을 한 번 더 돌아보았다. 너를 보듯이. 천천히 어두워지며 사방이 시나브로 암담해지는데 그 안에 누군가 있을 것만 같아서 못내 눈을 떼기가 어려웠다.

    절집은 마지막 풍경이다 더는 들어찰 수 없는 곳에서 마음은 사무쳐
    기와를 올리고, 헤어나지 않으려는 집착이 물고기를 처마에 매단다
    못내 에돌던 기억이 몇 번을 꺾어 계단으로 오르고 급한 마음에 디딤돌
    아래로 떨어뜨린 신발은 돌아나갈 길을 향해 오체투지를 하고 있었다
    나는 목어였던가, 자꾸 안에서 쿵쾅거리는데 법당 둘러찬 회벽 사방에서
    길게 소 울음소리 들렸다 싸리나무 소리를 쓸어 먼 바깥으로 밀어낼 적에
    그물을 펼치는 땅거미, 문살이 촘촘히 꽃잎을 기울일 때 내려갈 길 하냥
    지워지는데 온통 컴컴한 데서 따습게 도드라지는 당신의 관능, 글썽인다

                                      - 정염, "음각(陰刻)" 詩 전문

[남고사]
고구려에서 백제로 귀화한 보덕(普德)의 제자 명덕(明德)이 668년(신라 문무왕 8년)에 창건한 절로 원래는 남고연국사(南高燕國寺)라고 불렸으며, '남고'는 고덕산이 자리한 남고산에서, '연국'은 나라를 편안하게 한다는 의미에서 따왔다.
    원래 남고사(南高寺)였던 것이 지금의 남고사(南固寺)로 바뀐 것에 대해 연혁과 내력이 알려진 바 없는데, 중건을 거듭하다 20세기 이후, 자리를 살짝 옮기면서 그리 된 것이 아닌가 하는 추정이 있다. 사천왕문이 다른 절처럼 사천왕상이 있는 것이 아니라 사천왕을 그린 탱화만 있는 것이 특이한 점이다.
    옛 절터 남고사지는 현재의 대웅전 오른쪽 앞 건물 자리로, 1985년

8월 16일 전라북도 기념물 제72호로 지정되었다. 예로부터 해질녘에 들리는 남고사의 저녁 종소리를 전주팔경의 하나로 친다. 늦은 오후 무렵에 가볼 것을 추천하며, 남고사 앞에서 보이는 전주 시내 조망도 좋지만, 부근 만경대와 억경대에서 보는 풍광이 특히 일품이다.

  아래 산성마을에서 20분 정도 오르면 되며, 올라가는 길이 아주 가파르다. 초보운전자는 가급적 차로 절 마당까지 오르는 것을 피할 것. 높은 데 자리해 아주 고적하고 고고한 절집이다. 무언가를 고민하는 이보다 무언가를 결심한 이들에게 더 알맞은 사찰이라는 게 개인적인 소회다.

  [남고산성]
전주의 남방인 남고산의 주봉 고덕산을 중심으로 천경대, 만경대, 억경대로 불리는 봉우리를 둘러쌓은 산성이다. 전주를 내려다보는 위치에 자리 잡고 있으며 예전엔 남원·고창으로 통하는 교통의 요충지였다.
  후백제를 세운 견훤이 이곳에 고덕산성을 쌓았다는 내력이 전해지며, 조선 순조 13년(1813)에 성을 고쳐 쌓고 이름을 바꿔 남고산성이라 부르기 시작했는데, 이미 그때 성 안에 연못 4개와 우물 25개와 민가 100여 채가 있었다는 기록이 남아있다. 견훤이 지은 성터는 이 고덕산성과 동고산성 두 곳인데, 그가 산성을 두 곳이나 지어야 했던 이유는 건국 초반엔 험준한 지형을 지닌 고덕산에 산성을 지어 방비해야 했을 정도로 세가 약했으나 이윽고 후삼국의 최강대국으로 우뚝 서면서 군사적 자신감으로 보다 평지에 가까운 동고산성을 지어 제대로 된 궁터를 세우고 옮겨갔다는 설이 있다. 남고산성은 동서남북 사방에 각각 하나씩 포루가 설치되어 있고, 관청, 창고, 무기고 등 각종 건물이 들어선 흔적이 남아 작지 않은 규모를 자랑한다. 성의 둘레만 5.3km에 달한다. 사적 제 294호.
  만경대에는 이성계가 운봉전투에서 왜구를 물리치고 개선장군이 되어 돌아가던 중 조상의 고향인 전주 오목대에서 종친들에게 잔치를 베풀면서 한고조의 대풍가를 불러 개국의 야망을 드러내자, 당시 종사관이었던 정몽주가 분노를 참지 못해 만경대로 달려와 고려왕조의 운명을 한탄하며 지은 시가 각자(刻字)되어 있다. 본문 중간에 인용된 시 한 줄은 거기서 따온 것이다.

•

남고사의 뒤편 언덕을 따라 올라가면 북장대를 비롯해 성을 한 바퀴 돌 수 있다. 한 바퀴 돌아 남고사로 돌아오는 데 걸리는 시간은 쉬엄쉬엄 걷는 기준으로 3시간 내외. 특히 만경대, 억경대에서 보는 전주 풍경이 아름답기로 정평이 나 있다. 여유가 없다면 남고사와 만경대, 억경대 정도만 보는 것을 추천한다.

- 전주교대에서 치명자산 방향으로 가다 서학파출소를 끼고 오른편으로 꺾어 길 하나를 건너면 남고아파트가 나온다. 남고산성 1길. 그 길로 더 직진해 대아산성아파트를 지나면 남고사로 가는 표지판이 나온다. 그 가파른 길을 따라 20분 정도 걸으면 남고사, 그 뒤편의 능선을 따라 남고산성이 펼쳐져 있다.

- 남고산성 부근에는 딱히 이렇다 할 식당이 없으므로, 전주교대 부근이나 한옥마을 부근에서 식사할 것을 권한다. 전주교대 정문 부근에는 팥칼국수와 새알팥죽, 수제비가 유명한 '원조 맛자랑 팥 고향집'(063-231-0993)이 있다. 한옥마을 쪽은 해당 편 참고.

- 남고산성을 내려오면 바로 산성마을인데, 그로부터 서학파출소까지 이르는 1.5km 정도의 길에는 산뜻한 벽화들이 가득하다. 함께 둘러보기에 좋다.

- 남부시장 방면 전동성당 한옥마을 정류장에서 472번 버스가 남고사 바로 밑인 대아산성아파트까지 운행되나(소요시간 10분) 배차시간이 160분으로 길어 권하지 않는다. 한옥마을에서

택시를 타거나 전주교대에서 걸어갈 것(남고사까지 왕복 90분)을 추천한다. 택시를 타고 남고사 마당까지 갈 경우 비용은 편도 4,000원 정도이나 워낙 경사가 심하고 길이 험하므로 6,000원 정도는 지불하는 것이 좋겠다.

- 남고사와 남고산성을 같이 둘러보는 데는 그 자체로만 3시간 정도 걸린다. 남고사와 만경대, 북장대, 억경대만 보는 데는 1시간 30분 정도면 된다.

- 남고사와 산성 주변에는 묵을 곳이 없고, 한옥마을과 비교적 가까우므로 저렴한 동문거리 내 한옥모텔(063-231-7770, 이름만 '한옥'임)이나 한옥마을 민박(전주한옥체험관 063-287-6300 www.jjhanok.com, 학인당 063-284-9929 cafe.naver.com/hakindang)을 이용하는 것이 좋다.

6 산성 벽화마을 도란도란
   시나브로길

피어라, 꽃

봄은 색으로부터 온다. 산모퉁이에서 굽이굽이 절집으로 흘러가는
오솔길을 뒤덮은 순백의 눈길 위로 스미는 황토의 속살에서부터,
물길 흐르고 흘러 언 땅 혈관을 뚫고 다다른 뿌리 펌프쳐
겨우내 칼바람에 움츠렸던 가지마다 울쑥불쑥 솟아올린 연초록
새순으로부터. 그리하여 봄은 마침내 꽃으로 핀다. 조팝나무
온몸으로 터뜨리는 새하얀 웃음, 소리 없이 볼만 엷게 물들이는
새색시의 수줍은 얼굴처럼 곱고 우아한 벚나무의 연분홍 꽃잎, 햇빛
닿는 자리마다 불지르듯 짙붉은 물결 한달음에 퍼뜨리는 영산홍의
뜨거운 발진으로부터. 쑥쑥 차오르다 봉화처럼 사방에서 잇따르는
봄은 생명의 시계를 가장 깊숙한 데서부터 뒤흔들고, 지구를 울림통
삼아 모든 살아있는 것들을 빛의 지휘에 따라 장중한 합주로
공명하도록 만든다. 그 절절한 앙상블, 시간이 연주하는 역동의
리듬을 시각적 프레임으로 오려내선 그것을 다시 되부르는 이름이
바로 봄인 것이다.

음악 소리를 내는 풍경화, 다시 말해 봄(春)이 고덕산 남고산성과 남고사에도 환하게 피어올랐다. 남고사에서 가파른 내리막길을 따라 바로 마을로 내려오면 그곳이 행정지명으로 동서학동인데, 대개는 산성마을이라 불린다. 산 아래 동네라 평화롭고 고즈넉한 데가 있다.

마을을 따라 작은 시냇물인 산성천이 졸졸거리는데, 그 냇물은 마을의 경사를 따라 흘러 큰 길인 장승배기를 지나고, 다시 그 밑으로 스며들어 전주교대를 바라보며 서학파출소를 지나 전주천에 합류한다.

산성마을에는 특별한 볼거리가 하나 있는데, 그것은 벽화다.

남고사 바로 아래에서부터 시작해 산성천을 따라 걷다가 장승배기 길을 건너 서학파출소에 이르는 편도 1.5km 길의 담장들에는 상큼하고 발랄한 색감, 가볍고 다채로운 컨셉의 벽화가 줄지어 자리 잡고 있는 것이다. 이 길을 이름 하여 '도란도란 시나브로길'이라 한다. 2011년 12월 작업 완료.

젊은 작가 14명이 참여해 36가지 벽화로 담장을 장식한 이 길은 남고산과 서학동의 풍수를 따라 학, 나무, 새 등 자연적인 것들을 접목시켜 휴식과 어울림을 표현했는데 그 색감이 재치 있고 터치가 깔끔해 방문자들의 시선을 잡아끈다. 시 당국과 미술가들이 공동 기획하여 오래된 마을에 어떻게 생기를 불어넣을 수 있을지 고민한 결과물이라고 한다.

과연 색깔은 시원하고 이미지는 깜찍하다. 벽화는 담장을 따라 어깨동무하듯이 이어지고, 참신한 착상과 섬세한 붓질이 향기로워 걷는 내내 호기심과 즐거움을 안겨준다. 30분 남짓한 이 '도란도란 시나브로길'은 특히 사진 찍기 좋아하는 이들에게 알맞다. 담장벽화 길의 종착지에 해당하는 서학파출소에 이르면 어느새 아쉬운 탄성을 지르는 사람도 있을 만큼 벽화 자체로 충분히 인상적이다.

벽화마을 산책을 마치고 나면, 아름다움은 돋보기로 확대한 듯 아주 명확한 형상으로 도드라져 보인다. 벽화란 누구나 이해할 수 있도록 단순하고 간명한 주제를 지닌 시각적 전달물이니까.

그렇지만 아주 옛날, 산성에서 바라볼 때 이 마을은 벽화 없이도 하나의 명확한 그림이었다. 산성마을의 지명은 앞서 말했듯 동서 '학동'이며, 남고산에서 흘러내린 산자락이 학이 날개를 편 모양이어서 그리 이름 지었다 한다. 오래전, 사람들은 학의 모양새를 닮은 땅에 옹기종기 집을 짓고 마을을 이루었다. 하나의 또렷한 이미지를 가진 지형에 자신의 생활과 바람을 의탁했던 것이다. 즉, 디자인은, 아름다움은, 원래 그곳에 있었고 삶의 일부였다.

    개발이 밀어버린 집과 능선의 아름다운 곡선, 그 위로 직선으로 솟아오르는 아파트와 고층 빌딩들은 이윤과 편리라는 '근대의 복음'을 전해주지만 삶을 이루는 중요한 열쇳말인 '공생'과 '아름다움'을 생략해버리는 경우가 많다. 그리하여 우리는 '디자인'이라는 이름으로 무너진 미학과 커뮤니티를 복원하려 애쓴다. 도심의 공원이나 광장 같은 장소를 매만지는 공공디자인,

벽화로 동네를 꾸미는 커뮤니티 디자인은 토건에 억눌린 인간이 삶의 가치를 재정립하려는 안간힘이라 할 수 있다.

언젠가 마을은 담장에 벽화를 칠하는 것 말고 눈에 보이는 아주 간단하고 즉물적인 아름다움으로 무너진 질서를 감추는 것 말고 그 이상을 꿈꾸게 될 것이다. 지금 벽화란 그저 벽에 그린 그림(壁畵), 덧붙여진 인위적 아름다움이지만 사람들이 생활과 환경, 과거와 미래가 어우러지는 완전한 삶을 원할 때 이 벽화들은 하나의 가림막이 아니라 지속하고자 하는 열망, 벽에 피워낸 꽃(壁花)이 될 것이다.

아름다움이 단순히 눈앞의 아름다움에 머물지 않고 삶에 복속하는 그날을 위해, 지금은 먼저 아름다움으로 삶을 감싸 안고자 했던 산성마을을 냇물 따라 느릿느릿 걸으며 상상해 보자. 꽃들을, 꽃과 사람, 마을이 어우러져 온통 조화롭고 싱그러운 그날의 아름다운 봄을. 지금은 느긋하게 꿈꾸기 좋은 전주의 한봄.

- 전주교대 정문에서 아태무형문화유산전당, 좁은 목(또는 승암산) 방향으로 5분만 걸어가면 서학파출소가 나온다. 거기서부터 산성천을 따라 남고사 아래까지의 완만한 경사길 1.5km가 '도란도란 시나브로길'이다.

- 산성마을(동서학동)은 남고산 남고사와 바로 붙어있다. 시간이 된다면 아울러 보기를 권하고 싶다. 남고산성과 남고사를 꼼꼼히 보는 데는 왕복 3시간 정도. 남고사와 만경대, 억경대 정도만

- 집중해서 보는 데는 1시간 30분 정도 걸린다. 벽화마을을 돌아보는 데는 30분 정도 걸리니 코스에 따라 시간을 체크해볼 것.

- 남고사 바로 아래에서 산성천을 따라 산성마을을 내려오다 보면 충경사(忠景祠)가 있다. 임진왜란 때 의병장으로 큰 활약을 펼쳤던 이정한의 공적을 기리기 위해 세운 사당이다. 둘러보는 데는 5분 정도밖에 걸리지 않으므로 아울러 보면 좋겠다.

- 남고산성 바로 아래에는 딱히 이렇다 할 식당이 없으므로, 전주교대 부근이나 한옥마을 부근에서 식사할 것을 권한다. 전주교대 정문 부근에는 팥칼국수와 새알팥죽, 수제비가 유명한 '원조 맛자랑 팥고향집'(063-231-0993)이 있다. 교대 정문 바로 근처에는 라떼와 에이드를 잘하기로 유명한 카페 'Loft'(063-282-7446)도 있다.

- 남부시장 방면 전동성당 한옥마을 정류장에서 429번, 472번, 486번, 725번, 752번, 782번, 785번을 타면 네 번째 정거장이 산림환경연구소다. 바로 건너편이 서학파출소이므로 거기서부터 걸어가면 남고사 아래 산성마을까지 30여 분 동안 시각적으로 행복해진다. 거꾸로 남고사 아래 대아산성아파트에서부터 걸어 내려오는 것도 자연스럽고 좋은데 버스가 472번 한 대밖에 없고 배차시간이 160분으로 길어 애매한 면이 있다. 한옥마을에서 택시를 타고 남고사 진입로 혹은 대아산성아파트까지 가거나(기본요금 거리) 전주교대에서 걸어가는 것도 좋겠다.

- 남고사와 산성 주변에는 묵을 곳이 없고, 한옥마을과 비교적 가까우므로 저렴한 동문거리 내 한옥모텔(063-231-7770, 이름만 '한옥'임)이나 한옥마을 민박(전주한옥체험관 063-287-6300 www.jjhanok.com, 학인당 063-284-9929 cafe.naver.com/hakindang)을 이용하는 것이 좋다.

7 동고산성과 동고사 | 엇갈린 슬픔

1. 그의 삶

그의 생을 하나의 낱말로 요약하자면 파란만장(波瀾萬丈)이 아닐까 싶다. 그의 증조할머니가 한때 신라의 진흥왕비였던 백승부인인 까닭에, 그를 신라 왕족의 방계 혈통으로 꼽는 이들도 있다. 그러나 백승부인은 진흥왕이 죽고 난 후 지방 호족과 재혼하여 새로이 가족을 맞았다. 거기서 얻은 손자가 그의 아버지인 아자개(阿慈介)다. 한때 귀족이었으나 집안의 몰락으로 상주에서 농사꾼이 되어버린 아자개는 첫 아들로 그를 낳는다. 어릴 적부터 체격이 좋고 용모가 뛰어났던 그는 특히 겁이 없어 일찍이 신라군에 자원입대했는데, 밤에도 창을 베고 자면서 적을 기다렸을 정도로 용맹했다는 기록이 남아있다(三國遺事). 전투가 벌어질 때마다 항상 대열의 맨 앞에 섰고 여러 난을 진압하여 갓 스물을 넘긴 나이에 벌써 비장(裨將) 벼슬을 지냈다. 그러나 세상은 혼란스러웠고 신라는 힘이 없었다. 국가 간 전쟁뿐만 아니라 각지에서 도적과 해적이 들끓었던 9세기

말 진성여왕 시절이었다. 그의 아버지 아자개는 고향 상주에서 스스로 장군을 자처하고 군사를 일으켜 상주성을 장악하며 세력을 형성한다. 비장이었던 그도 신라군을 빠져나와 아버지를 돕는다. 난을 진압하던 그가 난을 일으킨 셈이다. 그는 경주에서 신망을 얻으며 아비인 아자개보다 더욱 이름을 떨쳤고, 진성여왕 6년인 서기 890년에 5천 명의 식솔을 이끌고 무진주(전남 광주)를 점령하여 확실한 기반을 닦았다. 2년 만인 892년에는 완산주(전주)에 도읍을 정하고 의자왕의 뜻을 다시 잇자며 백제의 이름을 계승해 왕이 된다. 그때 그의 나이 스물여섯이었다. 후백제란 이름은, 훗날 사람들이 기존의 백제와 그의 백제를 구분하기 위해 따로 붙인 말일 뿐. 그와 그의 백성은 저희의 국가를 백제라 여겼다. 그 후, 백제는 옛 백제의 영광을 재현한다. 901년까지 약 10년간, 백제는 한반도 최강의 국가였다. 궁예도 왕건도 그를 대적할 수 없었다.

그러나 영토를 둘러싼 전쟁은 그와 백제를 다시 압박한다. 903년에 왕건이 백제를 쳐 나주를 빼앗기고, 905년에는 궁예가 충청도에서 평안도 일대를 장악하면서 그는 후퇴를 거듭한다. 918년에는 왕건이 태봉을 무너뜨리고 고려를 세우고 그에 반발한 태봉의 공주, 홍주, 청주 지역이 백제에 귀순하면서 그가 다시 왕건을 누르고 삼국의 주도권을 잡는다. 일진일퇴의 공방전이 20년 가까이 계속되었던 것이다.

그렇지만 그해(918년)에 그는 뜻하지 않은 배신에 뒤통수를 맞는다. 아버지 아자개가 고향이자 거점인 상주에서 그를 저버리고 이복동생과 주민들을 이끌고는 왕건에 투항해버린 것이다. 반란과 혼돈을 뜻하는 난(亂)은 그의 삶에서 떼놓을 수 없는 수식어였다.

그는 이를 뿌득뿌득 갈면서도 국정에 매진했다. 관제를 정비하고 권력을 중앙으로 집중시켰으며 요충지마다 자신의 아들과 사위를 보내 두 번 다시 같은 일이 일어나지 않도록 국가를 지휘했다. 아자개의 충격적인 반란이 있은 후에도 백제는 흔들림 없이 안정적인 체제를 유지했다. 그의 나이 예순을 넘어서도 중요한 전투는 직접 군대를 이끌고 출병함으로써 제왕의 건강과 통치력, 용맹을 뽐냈다. 왕건은 대대적인 행사를 벌여 아자개의 귀순을 크게 선전하면서 백제를 흔들려고 했지만 뜻대로 되지는 않았다. 그만큼 그는 강건하고 탁월한 지도자였다.

•

하지만 그도 완벽한 인간은 아니었다. 후계자 문제로 신하들과 대립하면서 끝내 장남 신검을 저버리고 넷째 아들 금강을 고집하다 서기 935년 3월, 신검이 반정을 일으켜 절 금산사에 유폐되는 신세가 되고 만다. 아버지에게 배신당하고 아들에 의해 갇히고 만 그는 울화병에 시달리다가 그해 6월 왕건의 고려군에 투항해버린다.

하지만 그의 비극은 제가 세운 국가를 스스로 탈출하는 것에서 끝나지 않는다. 고려에 귀순한 그는 왕건에게 제 아들 신검을 응징할 것을 건의하고, 936년에 마침내 8만 대군을 지원받아 백제를 치는 싸움 길에 나선다. 그의 용맹과 지략은 여전하여, 그의 뜻대로 백제는 무너지고 아들 신검은 항복한다. 아버지에게 배신당하고 끝내 제 아들과도 맞붙는 전쟁, 제가 세운 국가를 제 손으로 무너뜨리고 만 그의 삶에는 헤아릴 수 없는 고통과 분노, 회한이 있었을 것이다. 삼국통일은 맨 처음 그가 품은 꿈이었으나 결국 그는 그 꿈을 이루기커녕 제 식구들과 갈등하다 왕건에게 헌납한 셈이다. 사연 많은 한반도 통일 전쟁이 끝난 뒤 며칠 안 되어 그는 등에 큰 부스럼(背腫)을 앓다가 생을 마감한다. 그 종기의 정체는 무엇이었을까. 재건할 수 없는 백제의 꿈이었을까, 가족이기는커녕 불구대천의 적으로 서로 칼날을 겨눈 집안의 파멸이었을까.

2. 동고산성 혹은 견훤성지

그의 이름은 견훤이고, 그가 성곽과 궁궐을 짓고 백제를 호령했던 흔적이 전주시 완산구 대성동 중바위산(송암산, 僧巖山) 자락에 있다. 한옥마을과 시청 사이에 있는 교동의 언덕바지를 따라 30분 정도 오르면 나오는 산성이다. 거기서 발굴된 기와조각에 전주성(全州城)이란 글씨가 새겨져 있었고 연꽃무늬가 또렷해 나말여초의 축성 방식이라고 추정되고 있다. 또 전주의 성황사를 다시 세운 기록(重創記)에 이곳이 견훤의 궁터로 전해온다는 기록이 있어 동고산성이 아니라 견훤성지 혹은 견훤왕궁터로 부르기도 한다. 중바위산은 높이가 최고 306m에 불과한 얕은 산이지만, 성벽이 절벽을 따라 형성되어 있고 성을 이중으로 쌓아 방비를 튼튼히 한 흔적(外城, 內城)이 남아있는 것을 보면 견훤과 (후)백제가 얼마나 견고한 국가를 세웠던지를 헤아려 볼 수 있다. 지금은 남아있는 것이 일부 성벽과 문, 우물터와 건물을 세웠던 땅의 자취뿐이어서 둘레 1,574m 총 면적 167,597㎡의 궁성(宮城)을 떠올려보는 일이 수월하지는 않지만, 그 고적한 가운데 옛 영화와 함성을 상상해보는 것은 어렵지 않다. 절벽에 둘러친 이 오래된 왕궁은 한 남자의 끝없이 물결쳤던 한 세월을 그대로 담고 있다.

　역사가 승자만을 치켜세우고 패자는 악인으로 덧칠해 버리지만, 세인들의 기억과 지상에 남은 피땀의 자국만큼은 오랜 시간이 흐른 뒤에도 못내 저버릴 수 없는 꿈과 약속으로 전승된다. 가정은 헛될 뿐이라며 '가지 않은 길'을 배제하고 종종 반복을 거듭하며 때로는 퇴보하기도 하는 역사는 그저 기복이 심한 고대의 전쟁담일 뿐인가, 아니면 당대에 과제를 부여하는 미완의 몸부림일 것인가. 이야기는 아직 끝나지 않았다.

　3. 한 승려의 삶
견훤이 후계자를 4남으로 정하려다 장남 신검이 반란을 일으켜

금산사에 유폐, 그 자신이 세운 ㈜백제를 버리고 고려의 왕건에게
야반도주하던 서기 935년은 무너져가던 신라에게도 잊지 못할
한 해다. 신라는 경순왕의 결단으로 끝내 국가의 제호를 내리고
왕건에게 항복한다. 폐국의 왕족은 신국의 신하가 되고, 폐국의
신하는 신국의 평민이 되는 것이 따를 수밖에 없는 엄정한 이치.
그래도 전투에서 패배해 사로잡힌 것이 아니라 먼저 투항을
선언하고 무릎 꿇고 고개를 숙였기에 승자의 포용력과 세간의
여론을 의식해 폐왕족에 대한 대우만은 나쁘지 않았다. 나라 잃은
슬픔을 곱씹으며 새 나라에 충성을 맹세해 질긴 삶을 이어가는 것이
폐족의 일반적인 행태였으나 경순왕의 두 아들은 다른 길을 걷는다.
형인 김일(金鎰) 왕자와 막내인 김황(金皇) 왕자.

　이 두 아들은 신라가 고려로 통합될 때에도 적극적으로 반대한 바 있다. 그러나 몇 날 며칠에 걸친 군신회의의 결과 고려에 귀부(歸附)하는 것으로 결정되고, 항복 국서를 전해 아비 경순왕이 왕건의 딸 낙랑공주를 아내로 맞고 경주의 사심관(事審官)으로 봉해지는 것을 보면서 먼저 큰아들 김일이 가족을 버린다. 부모형제는 물론 처자식마저 외면한 채 금강산에 들어가 삼베옷을 입고 풀만 먹으며 죽을 때까지 돌아오지 않았다. 그 삼베옷을 따서 세상은 그를 마의(麻衣)태자라고 불렀다.
　막내아들 김황도 형의 마음과 크게 다르지 않았다. 지나간 영화는 잊히지 않고, 내 뜻과는 다른 부모를 따를 수도 없으며, 지금 내 손아귀에는 아무것도 남아있지 않은 무력한 현실이 그를 외진 데로 내몰았다. 그에게 남은 선택지란 많지 않았다. 고려에서 손가락질을 받으며 어수룩한 관리로 살면서 뜨신 밥과 고기반찬을 먹으며 연명하는 것과 형처럼 아무도 모르는 데로 숨어들어 신분을 감추고 거친 밥과 나물을 씹으며 조용히 신라를 추억하고 따가운 시선과 불명예에서만큼은 벗어나는 것.

　마음을 잡지 못하고 발길이 닿는 대로 잠행을 일삼으며 세월의 무상함을 한탄하다가 전주의 동쪽 산자락, 한때 아버지의 맞수였던 견훤의 산성 부근을 지나다 흠칫 놀란다. 그곳이 중바위산, 산세가 꼭 고깔을 쓴 중들이 늘어선 것처럼 보였던 까닭이다.

　무언가를 간절히 빌고 있는 듯한, 그리고 모든 것을 놓아버린 듯한 스님의 형상을 가진 산 앞에서 김황은 벼락을 맞은 듯 멈춰 서서는 그때까지 고민하고 있던 두 가지 비루한 선택지를 모두 버린다. 그대로 머리를 깎아 불교에 귀의하고는 제 이름을 범공(梵空)으로 짓는다. 불경 범(梵)에 빌 공(空), 모든 것을 버리고 부처에 바친다는 뜻이다. 그가 승려가 되어 맨 처음 한 일은 제 부모형제 다섯 사람의 얼굴을 목각으로 새기는 일이었다. 이승의 인연을 이미 버린 그가 한 점 한 점 나무에 새겨 넣은 얼굴은 무엇을 의미하는 것이었을까. 아마도 망국의 상처를 각자의 방식으로 삼켜낸 불우한 가족을 나름의 방식으로 위로하는 작업이 아니었을까. 아물지 않은 그들의 상처를 내 살처럼 어루만지는 일, 그것을 중생과 업보의 한계에서 비로소 탈출하는 첫걸음이라 여겼던 게 아닐까. 왕자의 무딘 손으로 지난한 조각에 매달리면서 그는 해탈을 얻었을까, 오히려 더욱 집착하게 되었을까.

4. 동고사 혹은 눈물 아롱아롱

동고산성과 마찬가지로 동고사(東固寺)는 절벽에 지은 절이다. 신라 헌강왕 때 처음 지어진 이 사찰은 동고산성, 견훤성지에서 15분 거리에 있으며 행정구역상으로는 전주시 완산구 교동 1가 산 10번지에 해당한다. 한옥마을과 시청 사이 구릉에 자리 잡고 있는 교동을 따라 걷다보면 군경묘지가 나오고 3분여 더 올라가면 동고사와 견훤궁터가 나눠지는 삼거리에 이르게 된다. 그곳에서 직진해 20분 올라가면 견훤궁터, 오른쪽으로 10분 올라가면 동고사다.

트럭 한 대가 간신히 지나갈 수 있는 가파른 언덕길을 따라가다가 이윽고 좁은 평지에 다다르면, 오른편으로는 맹종죽으로 이루어진 숲이 눈까지 시원하게 씻어주고, 그 너머 긴 계단을 올라가면 치명자산 성지가 있다. 그 대나무 숲의 왼편에 동고사가 자리 잡고 있다.

경사가 급한 벼랑에 지어진 탓에 사찰은 건물과 석물들이 촘촘한 계단식 배치를 보이고 있으며, 자리가 좁아 대웅전과 염불원, 종각, 석탑 등이 나란히 어깨를 맞대고 있는 점이 특이하다. 절 자체는 크지 않고, 다만 계단이 몹시 비탈져서 석불상까지 가는 길이 약간 아슬아슬한 정도다.

그러나 땀을 흘리며 동고사 석불상 자리에 올라서면, 왜 범공이 이곳에 절을 세웠는지를 명확하게 알 수 있다. 승암산 동고사 석불상의 시선이 닿는 곳에는 전주, 그러니까 옛 완산주의 전경이 180도 파노라마로 시원하게 펼쳐진다. 이곳과 치명자산에서 보는 풍경이 전주의 가장 아름다운 전경으로 꼽힌다.

●

동고사는 또 다른 이름으로 김부대왕(金傅大王)절, 진불대왕(眞佛大王)절로도 불린다. 뒤의 진불대왕절은 김부대왕절의 잘못된 표기(誤記)일 것 같다. 법수왕자, 김황의 전설이 깃든 이 절의 이름이 법수사나 범공사가 아니라 그 아비의 이름을 딴 것은 아들의 염원에서 비롯된 건 아닐까.

대숲이 제 몸을 흔들며 세상의 소음을 천연의 음계로 바꾸어내고, 바위산 아래로는 벚꽃이 꿈처럼 번지고 뜨거운 한 계절이 가도 제 스스로 화사해지는 곳, 눈 내리면 또 보석처럼 빛나면서 제가 삼킨 마음을 먼 데서도 또렷하게 밝혀내는 곳, 도시를 가득 안고서 눈물처럼 아롱지는 동고사.

노을이 금색으로 산을 물들이는 저녁, 시가지의 불빛이 숲까지 밀려드는 밤, 창공의 푸름이 견훤의 궁터와 동고산성을 속속들이 적시는 한낮, 지워낼 수 없는 기억이 투명하게 중바위산 자락에 고여 든다.

두 개의 슬픔이 머물던 자리, 그러나 서로 다른 슬픔으로 오롯이 길항하는 장소. 동고산성과 동고사를 그대는 보았는가, 걸었는가, 품었는가. 그 시절 숱한 눈물과 핏물로 뜨거웠을 이 산이 오늘은 그저 초록빛만 빽빽하다. 담담하게 혹은 무심하게.

[동고산성(견훤왕궁터)]
견훤 왕궁터는 견훤이 전주에 도읍을 정하고 (후)백제의 왕궁터로 삼은 장소로 해발 306m의 승암산 동편에 있는 동고산성에 자리하고 있다. 동고라는 명칭은 남고산성이 있어 사후에 정리된 이름이다. 기와조각에 전주성이라는 글씨가 새겨져 있어 산성이 지어진 당시에는 전주성으로 불렸을 것이라 판단된다. 1980년 처음으로 이 산성을 조사할 때

전주성명연화문와당이 발견되었는데, 이 기와는 지름이 125㎝로 둘레에 38개의 연주문을 둘렸고 가운데에는 여덟 잎의 연화무늬가 새겨져 있었다고 한다. 꽃잎마다 작은 꽃잎을 겹친 형식으로 보아 신라 말기에서 고려 초기에 축성된 것으로 추정되며 이때가 견훤이 완산주에 입성해 후백제를 세운 시기와 일치하고, 전주 성황사 중창기에도 이곳을 견훤의 궁터로 전하고 있어 견훤성지로 추정하고 있다.

산성은 능선을 내성곽으로 하고 절벽을 따라 돌담을 쌓아 이중 성벽을 구축하였으며 외성의 높이는 대략 4m 내외이다. 성곽의 크기는 외곽성의 주위가 약 1,588m, 동서축의 길이가 314m, 남북측 256m, 북쪽 날개성 길이가 112m, 남쪽 날개성 길이가 123m이다. 왕궁의 건물터는 성내 동쪽 경사면을 3단으로 깎아 반월형으로 만들었는데, 그 중앙에 궁궐과 주요 건물이 있었던 것으로 파악되고 있다. 전라북도 기념물 제 44호 지정.

[동고사]

한국불교태고종에 속하며 서기 876년(신라 헌강왕 2년) 연기 도선(烟起 道詵)이 지금의 절 위치보다 조금 위쪽에 창건했다고 전한다. 견훤이 (후)백제를 세워 완산주(完山州, 지금의 전주)에 도읍을 정하고 전주의 사방에 사고(四固)의 진압 사찰을 두었는데, 이 절은 동쪽에 위치하여 동고사라고 불렸다.

임진왜란이 일어난 1592년(선조 25년)에 불에 타 1844년(헌종 10년)에 허주 덕진(虛舟 德眞)이 지금의 자리로 옮겨 중창했다. 1946년 영담(暎潭)이 주지로 취임, 대웅전과 요사 등을 추가로 세웠다. 문화재로 미륵불상과 석탑, 동고사사적비(東固寺事蹟碑), 부도 2기, 목어(木魚) 등이 있다. 또한 지금도 경순왕 등의 목조상 5위가 봉안되어 있으며, 신라 말 법수 왕자 김황이 조성한 것이라 한다. 절 전체가 전라북도 문화재자료 제2호로 지정되어 있다.

- 산성에서 군경묘지를 따라 효성 교동아파트, 천주교 전주교구청을 지나 노송 작은도서관 부근까지 내려가면 식당이 좀 있지만 딱히

- 이렇다 할 집은 없다. 한옥마을 부근이나 남부시장, 풍남문 부근의 식당을 찾는 편을 추천한다.

- 효성 교동아파트 주변에는 '효성슈퍼', '신덕쌀집 슈퍼' 같은 오래된 구멍가게들이 남아있어 눈길을 끈다. 전주는 작은 마을들이 옹기종기 남아있고, 도심을 제외하면 편의점의 습격을 받지 않아 오래된 점포들을 만나는 뜻밖의 재미가 있다.

- 남부시장 방면 전동성당 한옥마을 정류장에서 486번 버스가 동고사와 동고산성 바로 밑인 군경묘지 부근의 낙수정 정류장까지 운행하나(소요시간 20분) 배차시간이 40~80분 정도로 길어 권하지 않는다. 한옥마을 리베라호텔 앞에서 횡단보도를 건너 걸어가거나(이 경우 동고사까지 도보 30분, 동고산성까지는 도보 45분 정도, 편도 기준) 택시를 타고 동고사 앞 치명자산 계단 입구까지 가도 좋다(한옥마을에서 택시비 편도 3,000원 정도지만 길이 가파르고 진입로와 회차로가 까다로워 5,000원 정도는 지불하는 편이 좋다). 한옥마을에서 쉬엄쉬엄 걸으면서 동고사와 치명자산만 둘러보고 다시 돌아오는 데 2~3시간 정도, 동고산성까지 두루 살펴보는 데는 왕복 4~5시간 정도 걸린다.

- 동고사와 치명자산은 전주 야경 촬영지로 특히 으뜸으로 꼽힌다. 그렇지만 경사가 가파르니 야간 산행과 겨울 산행에 특히 주의해야 한다. 낮에 보는 전경도 더할 나위 없이 일품이니 맑은 날 찾아보는 것을 권한다.

- 동고사와 산성 주변에는 묵을 곳이 없고 동문길과 비교적 가까우므로 저렴한 동문거리 내 한옥모텔(063-231-7770, 이름만 '한옥'임)이나 한옥마을 내 한옥민박(전주한옥체험관 063-287-6300 www.jjhanok.com, 학인당 063-284-9929 cafe.naver.com/hakindang)을 이용하는 편이 좋고, 영화의 거리 쪽 숙박(한성호텔 063-288-0014 www.hotelhansung.kr, 시네마모텔 063-283-6111)을 이용해도 멀지 않다.

8   거북바위와 진북사

전주라는 「팝업북」 읽기

견훤이 (후)백제를 세우고 완산(전주의 옛 이름)을 도읍지로 삼았을
때, 그는 신라와 고려를 능가하는 한반도 최고의 국가를 꿈꾼 게
아니었다. 그의 이상은 훨씬 더 크고 높았다. 그는 현세와 내세를
모두 아우를 수 있는 단 하나의 국가, 정치와 종교가 합일된
그야말로 지상 천국을 전주 땅에 구현하길 원했다. 승자를 능력자일
뿐 아니라 선인으로 덧칠하고 패자를 무능력자인 동시에 악인으로
각색하는 역사의 렌즈 왜곡을 보정한다면, 스스로를 미륵이라
불렀던 견훤은 정치적 지배와 종교적 교화를 더불어 꿈꿨던 중세
이상국가의 군주상에 아주 잘 들어맞는 인물이라 할 수 있다. 그
이상을 바탕으로 1,100년 전 그가 구축한 완산의 지형을 살펴보면
견훤이야말로 삼국 최고의 군주인 한편 최고의 종교지도자로
평가하는 것이 적합할지도 모른다.
  주로 조선시대에 유행했던 풍수(風水)는 흔히 집이나 무덤 자리의
좋고 나쁨에 따라 사람의 목숨이 좌우된다는 극단적 운명론으로

알려져 있기도 하지만 그 근본은 인문(人文)과 지리(地理)의 합치에
있다. 다시 말해, 선인들의 지혜와 지형적 영향을 조화롭게 엮어
제가 이루고자 하는 바를 토목과 건축에 구현하고, 지세를 살펴
안전과 방비에 힘쓰고자 하는 지식과 통계의 통섭학문인 것이다.
따라가 보면 풍수의 근원은 조선을 훌쩍 뛰어넘어 기원전 중국의
도교에서부터 비롯한다.

    세상을 지키는 특별한 영령이 있다는 생각은 종교와
마찬가지로 인간의 아주 오래된 관념인데, 중국의 도교에서는
이를 청룡(靑龍, 푸른 용), 백호(白虎, 흰 호랑이), 주작(朱雀, 붉은 봉황), 현무(玄武,
검은 거북)의 네 마리 신성한 영물로 상징화했다. 도교를 받아들인
고구려는 이를 더욱 발전시켜 동서남북 네 방위와 의미를 연관
지으며 사신체계(四神體系)로 확립한다(고구려 벽화인 강서대묘의 사신도가 그
실례라 할 수 있다). 이는 차차 삼국에 널리 퍼지면서 중세 이후 음양(陰陽),
오행(五行), 간지(干支), 팔괘(八卦) 등의 다른 개념들과 결합하며 한반도
방위좌표의 확고한 원칙이 된다.

    견훤이 전주 땅에 국가의 기틀을 세우고자 할 때에도 이 같은
사신체계는 도읍지 건설의 이념적 바탕이 되었다. 북(北) 현무,
남(南) 주작, 좌(左) 청룡, 우(右) 백호는 제도교육 역사 시간에 조선의
사대문을 설명하며 나오는 개념이지만, 이는 후백제의 수도인
전주를 논할 때도 마찬가지로 적용 가능하다.

    전주 시외버스터미널 못 미쳐 오거리 금암광장 뒤편
언덕배기에는 낡은 건물터가 하나 있다. KBS 전주방송국이 도청
옆 서부 신시가지로 이전하고 남은 자리다. 입구에는 자동차의
진입을 막는 육중한 철문이 둘러쳐 있고, 철문 너머로는 낡은

건물이 올려다 보인다. 그 부지의 마당에 해당하는 철문 너머 바로 오른편에 초목으로 둘러싸인 거대하고 육중한 석조 조형물이 놓여있는데, 총 길이 17m, 무게 270t에 달하는 등껍질이 있고 4개의 다리와 짧은 꼬리가 있으며 머리가 솟아오른 엄청난 크기의 거북바위다. 규모가 거북이 형태의 바위 가운데 국내에서 가장 큰 이 금암동 거북바위는 전주의 정북(正北) 방향에 해당하며, 견훤이 완산에 구현한 사신체계 가운데 '북 현무'에 해당한다.

이 초대형 거북바위는 몸체와 머리의 방향이 서로 다른데, 잘 살펴보면 머리가 살짝 틀어져 있음을 알 수 있다. 이 북 현무의 머리가 가리키는 방향은 금암로 네거리, 지금은 변화가인

도심 한복판이다. 오래전 그곳의 지명은 '배 맨 자리', 즉 배를 매어두는 자리였다고 한다. 지금은 도로가 깔렸지만 원래는 물길(水路)이었고 내륙과 서해를 연결하는 교통의 요충지였으며 교역의 중심지로 기능했다. 물길은 상업과 교통뿐만이 아니라 행정과 방어의 측면에서도 아주 중요한 위치를 차지하므로 수로 주변에 군사적·상징적 방어체계를 마련해야 했는데, 이 거북바위가 북쪽의 방위를 표시하는 동시에 물길을 수호하는 상징적·종교적 방어물이었던 것이다. 거북조형물의 어마어마한 규모를 보면 당시 백제의 국력이 결코 만만치 않았음을 아울러 짐작해 볼 수 있다.

북 현무를 제외한 나머지 사신 체계도 명확하다. 남 주작은 그가 왕궁(동고산성)을 지었던 승암산에 해당(봉황 무늬 기와가 발견되었다)하며, 서쪽에 해당하는 좌 청룡은 완산칠봉의 용두봉과 용머리고개, 동쪽에 해당하는 우 백호는 기린봉으로 지목된다(중국 역사서 『예기(禮記)』에 기린, 봉황, 기북, 용을 사신동물로 기록하고 있으며 이처럼 일부에는 백호 대신 기린을 썼던 것 같다). 이처럼 견훤은 사신체계를 (후)백제 수도의 건설 이념으로 삼고 이를 바탕으로 철저한 계획도시 전주성을 세웠다. 동서남북 네 방위에는 각각 진지와 함께 절을 두고 군사적 지배와 종교적 교화를 함께 이루고자 했는데, 이 절들의 이름을 동고사, 서고사, 남고사, 북고사라 했다. 다시 말해, 그 시절 전주는 북쪽에서 검은 거북이 물길을 지키고, 남쪽엔 봉황이 수호하는 왕궁터가 있으며, 동쪽에는 용이 솟구쳐 상서로운 기운을 북돋으며, 서쪽에선 기린이 거닐며 호위하는 사방사신의 완벽한 신앙체계를 구현했다. 3차원 팝업북(pop up book)이 펼쳐지듯이, 옛 사람들은 늘 상상계의 동물들로 군사적 보호 외에도 판타지적 보살핌을 받는 가운데 있었다고 할 수 있겠다.

　전주천변과 맞닿은, 진북터널과 진북교 사이의 야트막한 구릉 위로 창건 당시에는 북고사였으나 지금은 진북사(鎭北寺)가 된 아담한 절간이 있다. 길가에 바로 접하고 있으며 나머지 삼고사와는 달리 거의 평지에 자리 잡고 있어 오르기에 버겁지 않다. 찻길 옆이지만 의외로 적요하여 운치가 있다. 절 마당에 서면 그 옛날에는 그저 숲이고 평야였을 전주 한복판이 시원하게 펼쳐진다.

　유서 깊은 절이지만 건축물로는 대웅전과 미륵전, 산신각의 법당 세 곳과 요사채로 쓰이는 적묵당이 전부인 자그마한 고찰이다. 동고사나 서고사와 마찬가지로 본래의 지형을 그대로 살려 푸근한 느낌을 자아내는데, 산신각만은 절의 뒤편인 호암산의 까마득한 비탈 위에 올려져 있어 보는 이의 오금을 저리게 만든다. 그러나 지금은 그저 묵묵히 방문객을 맞으며 아파트와 차도로 번지는 전주의 변화를 지긋이 바라보고 있을 뿐이다.

　견훤은 한반도 통일국가를 꿈꾼 동시에, 이상세계의 실현과 미륵도시의 구현을 원했다. 진북사(북고사)의 미륵전에는 (후)백제 창건 당시의 것으로 전해지는 석조 미륵불상이 있다. 그 수수하고 온화한 미륵의 얼굴은 혹 견훤의 얼굴을 본뜬 것은 아닐까? 촬영을 허락하지 않으므로 사진을 여기 실을 수는 없지만 천 년 전 후백제 완산이라 불렸던 이 평야지대에 삶을 의탁했던 옛 사람들이 꿈꾸던 가장 평화로운 얼굴, 더는 아무것도 필요하지 않은 얼굴, 그야말로 자족한 얼굴이 진북사 미륵전에 있다. 그 얼굴이야말로 (후)백제의 이상형(理想型)이 아니었을지. 그래서 천 년이 지나도록 사람들이 그 미륵상을 찾고 또 찾는 건 아닌지.

●

　　세월이 흐르면 반드시 세상도 진보한다는 믿음이 만연하지만
꼭 그렇지만은 않다는 것을 이 땅의 최근사가 가르쳐주듯이,
비디오테이프를 거꾸로 돌리는 것처럼 전주에 쌓인 1,100년의
세월을 걷어낸다면 그때의 완산이 지금보다 훨씬 더 질서정연한
계획도시, 인문, 지리, 정치, 행정, 국방 체계에 신앙 원리까지
한몸에 구현한 탁월한 공간이었음을 어렵지 않게 확인할 수 있을
것이다. 세월은 저절로 진보를 담보하는 것은 아니며, 인간과
문명의 발전은 생각보다 더디다. 사신체계로 들여다보는 전주라는
'팝업북' 읽기는 우리에게 그걸 가르쳐주고 있는지도 모르겠다.

[거북바위]

전주시 덕진주 금암1동 523-3번지. 지금은 도청 옆 서부 신시가지로 옮긴 전주 KBS 청사 옛 자리에 거북바위가 있다. 총 길이 17m, 무게 270t의 어마어마한 크기다. 철문이 닫혀 있으나 거북바위를 보러 왔다고 말하면 열어준다. 문화재로 지정되지 않은 데다 따로 관리하지 않아 수풀에 쌓여있지만 살펴보는 데는 문제가 없다. 2002년 5월 4일 KBS1 채널에서 방영된 〈역사스페셜〉 160편 "17미터 거북바위의 증언-견훤의 왕도, 전주프로젝트" 편을 참고하면 좋겠다. 2004년 효형 출판사에서 발간된 『역사스페셜』 7권에도 같은 내용이 실려있다.

[진북사(鎭北寺)]

전주시 덕진구 진북동 1096번지에 자리한 사찰로 창건 시기와 내력은 정확히 밝혀진 바가 없으며 1790년대에 작성된 『호남읍지』에 이름이 처음 등장하는 절이다. 경내에는 전라감사를 지낸 이서구(李書九)가 터를 잡았다는 산신각이 가장 오래된 건물로 남아있고 다른 법당은 근래에 새로 지은 건물이다. 창건 당시에는 북고사(北固寺)라고 하였으며 전주 사방에 위치하며 성을 수호했다는 전주의 사고사 가운데 하나다. 유연대(油然臺) 북쪽의 서쪽 끝 어은동(魚隱洞)에 있어 속칭 '부엉바위' 절로도 불린다. 경사가 심한 호암산 자락에 지었다고 하여 '호랑이 아가리 터'라고 일컬어지며, 경내에는 숲정이 바람 속에 다소곳이 서 있는 미륵불의 품속에서 고요가 흐른다고 전한다. 1856년(조선 철종 7년) 관찰사 이서구(李書九)가 풍수지리설에 따라 전주성 북쪽을 보강하기 위하여 이 절에 나무를 심고 절 이름을 진북사로 바꾸었다.

유물로는 창건 당시의 것으로 전해지는 석조미륵불상이 남아있는데, 이에 관한 전설이 있다. 1930년대에 절 인근에 사는 한 노파의 꿈에 미륵이 나타나 "나는 전주천변에 있는데, 현재 매우 괴로우니 편안하게 옮겨주면 소원을 들어주겠다"고 하였다. 다음날 노파가 나룻배를 타고 절 아래의 전주천변 늪으로 가서 이 불상을 찾아냈다. 몇 년 후 절의 신도들이 미륵전을 짓고 미륵불을 남향으로 세웠는데, 이번에는 미륵불이 일꾼들의 꿈에 나타나 동향으로 옮겨달라고 하였다. 그 일꾼이 무거워서 옮기기 어렵다고 하자, 손만 대면 움직일 것이라고 하였다. 그리고 다음날 주지와 일꾼이 미륵불을 모신 불단에 손을 대자 저절로 동향으로 옮겨졌다고 한다.

- 거북바위는 전주역이나 전주시외버스터미널에서 79번 버스(금산사 방향, 배차시간 25분)를 타고 '구 KBS전주방송국'에서 하차하면 된다. 오래 걸리지 않는다. 진북사는 전주역이나 전주시외버스터미널에서 마찬가지로 79번 버스를 타고 중앙시장에서 하차해 6번 버스(상진신협 방향, 배차시간 15분)로 갈아타고 '진북터널' 정류장에서 내리면 된다. 15분 거리. 거북바위나 진북사는 살펴보는 데 각각 20여 분 정도 걸린다. 시외버스터미널에서 거북바위가 있는 구 KBS 전주방송국 정류장까지는 한 정거장이며, 걸어가도 10분 정도밖에 걸리지

않는다.

- 진북사 미륵전에 자리 잡은 미륵상은 낮 시간에 요사채 보살님들께 부탁하면 볼 수 있다. 단, 사진 촬영은 안 된다.

- 진북사에서 600m 정도 되는 거리에는 천주교 성지 가운데 하나인 '숲정이성당'(전북 전주시 덕진구 진북2동 1144-1)이 있다. 진북동의 이름난 문화유적 가운데 하나이고, 관리도 깔끔하게 되어 있으므로 함께 둘러보면 좋겠다.

- 구 전주 KBS 부근에는 '태평집'(전주시 덕진구 금암동 480-7, 063-255-2252)이라는 메밀국수와 콩국수 전문점이 있다. 푸짐하고 시원한 메밀 면과 고소한 콩국수가 일품이다. 진북사 바로 아래에는 '산천가'(063-255-4416)라는 옻닭, 닭백숙 전문 식당도 있으나 가벼운 식사를 원한다면 근처의 숲정이 식당에서 도보 5분 거리인 우성아파트 118동 부근에 '콩각시굴신랑'(전주시 덕진구 진북동 434-33, 063-278-0058)이 있는데, 콩나물 굴국밥과 영양 굴 돌솥밥을 잘한다. 그 옆에 자리한 '밀가'(전주시 덕진구 진북동 434-42, 063-274-0072)는 택시기사들 사이에 유명한 감자탕 '맛집'이기도 하다.

- 구 전주 KBS 부근은 시외버스터미널과 고속버스터미널이 자리한 금암동이어서 고속버스터미널 뒤편으로 호텔과 모텔이 산재해 있다. 호텔로는 고속버스터미널과 교보빌딩 사이에 있는

'화이트관광호텔'(063-271-3992)이 깔끔하고 쾌적한 편이며, 모텔은 대동소이하니 외관이 깨끗이 정비된 곳을 찾아가면 된다. 진북사는 영화의 거리나 한옥마을과 그리 멀지 않으니 영화의 거리 쪽 숙박업소(한성호텔 063-288-0014 www.hotelhansung.kr, 시네마모텔 063-283-6111) 또는 한옥마을 민박(전주한옥체험관 063-287-6300 www.jjhanok.com, 학인당 063-284-9929 cafe.naver.com/hakindang)을 이용하는 편이 좋다.

9   전주 커피전문점의 기원
    '빈센트 반 고흐'

그 해 봄,
전주의 비엔나커피

벌써 10년이 훨씬 더 지난 일이다. 생전 처음으로 사귀게 된 여자친구와 종종 커피를 마시러 다녔다. 그때쯤 막 유행으로 번지기 시작한 전주 일대의 커피전문점들이 데이트 장소였다. 만나면 보통 경기전이나 덕진공원을 거닐다가 마지막으로 카페에 들러 커피 한 잔을 마시고 헤어지는 게 일과였다. 특별한 일정도 코스도 없었지만 아주 행복했다. 스무 살 무렵, '그녀' 외에 필요한 건 정말 커피뿐이었다. 놀랄 만큼 단순한 시절이었다.

그때까지 커피 같은 건 마셔본 적이 없었고, 향이 어떤 지도 알지 못했고, 심지어 원두커피와 맥심의 구분도 불가능했다. 커피는 그저 썼다. 방금 나온 뜨거운 커피 잔을 달싹이다가 그녀를 바라보는 것. 그건 내 생애 처음 찾아온 달콤함이었다. 그 와중에 쓴 커피가 목울대를 넘어갈 때의 그 묘한 균형감이란.

매번 싼 카페만 전전하다가 처음으로 고사동 영화의 거리 부근의 이름난 커피전문점 '빈센트 반 고흐'에 가게 됐다.

일반적으로 메뉴판에 '맥심, 원두커피' 정도만 쓰여있던 곳엘 다녔던 나로서는 '고흐'의 '콜롬비아, 케냐, 모카, 비엔나…'로 시작되는 크고 장황한 메뉴판을 보고 있자니 현기증이 날 정도였다. 그렇다고 생전 처음 사귄 여자 친구 앞에서 당황하는 얼굴을 보일 수는 없는 일, 그래 봤자 커피겠거니 싶어 그중 가장 근사해 보이는 이름의

전주 커피전문점의 기원 '빈센트 반 고흐' – 그해 봄, 전주의 비엔나커피

'비엔나커피'를 덜컥 주문했다. 그녀는 단정하게 모카 한 잔을.
문제는 그 다음부터였다. 우리 둘 앞에 커피 잔이 놓였고 그녀는 자기 앞의 커피를 평소처럼 마셨다. 하지만 나는 그럴 수 없었다. 내 앞에 있는 것은 커피는 커피이되 전혀 커피 같지 않은 무엇이었으니까. 큰 잔에 담긴 그것은 음료가 아니고 마치 케이크나

●

89

맥주 같았다. 흰색 크림이 온통 잔을 뒤덮고 있는 데다 무엇보다 '스푼'이 없었다. 아니, 왜 스푼을 안 줘? 그럼 설탕과 프림은 어떻게 넣으라고?

여자 친구도 생소한 비엔나커피에 좀 당황한 눈치였다. 나는 침착하게 자세를 가다듬고 "여기요"를 외쳤다. 달려온 남자 직원분께 실수를 지적한다는 인상을 주지 않기 위해 상냥하게 말했다. "저, 여기 스푼을 안 주셨네요."

하지만 그는 청천벽력 같은 대답을 해놓고는 카운터로 돌아갔다. "이 커피는 원래 스푼이 안 나오는 거에요."

그 후 테이블 위로 감도는 침묵은 한겨울의 폭설처럼 두텁고 긴 것이었다. 생전 처음 사귄 여자 친구를 앞에 두고 입가에 크림을 묻혀가며 커피를 후루룩 들이켤 수는 없는 일이었으니. 결국 그녀가 모카커피를 마시는 동안, 나는 비엔나커피를 옆으로 제쳐두고 물 잔이나 비우는 수밖에.

그해 봄날, 전주에서 만난 '비엔나커피'는 당혹스런 기억으로 남아있다. 하지만 지금도 나는 그때를 떠올리면 휘핑크림처럼 부드러운 미소가 떠오른다. 그녀가 잔을 잡는 모습, 가볍게 스푼을 흔들 때면 함께 찰랑이던 머리칼. 소파에 기대어 어색하게 자기 손을 쓰다듬던 시간. 그때 내가 그녀와 함께 나눴던 것은 정말 그저 커피라는 한 음료에 지나지 않는 걸까.

시간이 흘러 이제 그녀의 얼굴은 기억나지 않는다. 그러나 그때, 내 앞에 놓였던 크림에 덮인 비엔나커피는 아주 분명하게 떠오른다. 그렇게 첫사랑은 내게 커피를 남겼다. 문신처럼 깊게 그리고 끊을 수 없이 그윽하게. 비할 데 없이 아주 또렷하게.

- 전주에도 최근엔 분위기나 인테리어가 아니라 커피 맛으로 승부하는 커피전문점이 여럿 생겼지만 10년 이상의 이력과 내공을 쌓아온 카페는 드물다. 그중 가장 추천하고 싶은 곳은 두 곳. 전주의 덕진공원 정문 앞에 자리한 '커피발전소'(전주시 덕진구 덕진동 1가 1314-120, 063-276-7055)와 전주 영화의 거리 부근의 '빈센트 반 고흐'(전주시 완산구 고사동1가 66-5, 063-288-2189)다. 커피발전소는 30여 종의 원두를 직접 수입해 볶고 내리는 과정 전반에 걸쳐 정성을 아끼지 않는 곳으로 정평이 난 오래된 전통의 커피숍이며, 빈센트 반 고흐는 전주 최초의 커피전문점으로 1979년부터 운영해 왔으며 지금도 여전히 훌륭한 커피를 합리적인 가격으로 내고 있다. 시인 기형도가 들른 커피숍으로도 유명하다. 프랜차이즈 카페들과는 달리 한결 여유로운 분위기에서 제대로 우려낸 커피 맛을 음미할 수 있다. 각각 덕진공원, 객사 나들이와 겸해 둘러보면 알맞다.

- 덕진공원은 전주의 이름난 나들이 장소라 주변에 들러볼 만한 식당들이 많다. 생선구이 백반을 잘하는 공원 정문 골목의 '예향'(063-272-5737), 30년 전통의 저렴하면서도 맛있는 중화요리집 '승우반점'(063-278-6556~7), 전북 도립국악원 쪽으로 약간 떨어져 있지만 전주비빔밥의 명가 가운데 하나인 '고궁'(063-251-3211, http://www.gogung.co.kr)도 있다. 영화의 거리는 전주국제영화제가 펼쳐지는 중심가로, 이름난 식당이 여럿 있다. 10여 가지 맛깔난 반찬에 제대로 끓인 청국장과 된장찌개로 소문난 '은행집'(063-286-4766), 지글지글

생선구이를 깔끔하고 풍성한 곁반찬과 함께 먹을 수 있는 '만다린 생선구이 백반'(063-284-3035), 말이 필요 없는 전주 최고의 콩나물국밥집 가운데 하나인 '현대옥'(063-231-5122)과 '삼백집'(063-284-2227)도 추천한다.

- 덕진공원은 시청이나 중앙성당 방면의 전동성당·한옥마을 정류장에서 165번(배차시간 16분), 684번, 88번(배차시간 20분), 350번(배차시간 35분), 486번(배차시간 40분), 423번, 475번, 479번(배차시간 80분) 버스를 타고 덕진공원 정류장에 내려서 공원 입구까지 들어가면 된다. 버스 소요시간은 20분 정도. 전주역이나 전주고속버스터미널, 시외버스터미널에서 직접 연결되는 버스 편은 없지만 거리가 가까운 편이니 택시를 이용하는 것이 좋다. 덕진공원 정문으로 가 달라고 하면 된다. 한편 영화의 거리는 전동성당이나 한옥마을 정류장에서 도보로 15분 거리이며, 전주역과 전주고속버스터미널, 시외버스터미널에서 금산사 방면으로 79번 버스를 타고 '북문' 정류장에 내리면 바로 그 근처다. 택시를 탈 경우 요금으로 4,000원 정도 든다.

- 덕진공원 주변에는 묵을 곳이 많다. 캐릭터를 내세운 숙소인 또마하우스 모텔(063-255-5757, http://www.ttomahouse.com)이나 덕진공원의 야경이 보이는 W모텔(063-277-3636) 등이 깨끗하고 편리하다. 영화의 거리에서는 한성호텔(063-288-0014, www.hotelhansung.kr)이나 시네마모텔(063-283-6111)이 괜찮다.

10 고사동 '원조함흥냉면'과
    인후동 '평양옥류관'

사발에 담긴 한 철

어릴 적 아버지는 시계방 주인이었다. 5평 남짓한 점포에 '시계 병원'이라는 큼지막한 간판을 달고 도시의 변두리 시장통에서 온종일 가게를 지켰다. 일주일에 서너 번, 종로5가 시계 도매점들이 모여있는 속칭 '시계 골목'에서 새 시계를 떼다가 소매로 팔았다. 다녀오는 데 반나절쯤 걸리는 그 짧은 '출장'에 아버지는 형과 나를 번갈아 데려가면서 여름이면 종종 시계 골목 어귀의 냉면집에서 끼니를 사주셨다. 소고기 편육이 두세 점 올려진 함흥냉면. 냉면을 맛본 것은 그때가 처음이었다. 80년대 중반 무렵, 집안에 경사가 있을 때 일반적으로 하는 외식이 불고기 또는 돼지갈비였을 때다. 냉면을 파는 분식집은 그 시절에도 여럿 있었지만 냉면만 전문으로 하는 음식점은 서울에서도 손꼽을 정도였다. 시계 골목 냉면집의 메뉴판은 딱 세 가지였다. 평양냉면, 함흥냉면, 사리. 동네 고깃집의 설렁탕이 3천 원 정도였을 때라고 기억하는데, 당시 그 집의 냉면은 5천 원이었다. 국수가 밥보다 비쌀 수 있다는 생각이 쉽게 통용되지

않는 시절이었음에도 그 냉면집은 항상 손님으로 북적였다. 이유야 물론 솜씨가 뛰어났기 때문. 모르는 사람과 한 탁자에 앉아 겸상을 하는 '합석'을 처음 경험한 것도 그때 거기서였다.

머리가 커진 자식들에게 아버지란 한없이 비루해 보이는 존재다. 중학교 3학년 무렵 장사가 안 되서 시계방을 닫을 때 내 아버지도 그러했다. 하굣길에 들르는 오후 4시쯤에도 '개시'(첫 손님을 받는 것)가 안 되어 있을 때가 다반사였고, 경비를 줄이려 안달하는 모습이 내 어린 눈에도 참 안쓰럽기 그지없었다. 폐업에 이르는 마지막 3개월, 아버지는 더는 종로 시계 골목에 가지 않았고 우리를 냉면집에 데려가지도 않았다. 냉면이 먹고 싶다고 조르면 아버지는 동네 분식점에서 물냉면이나 비빔냉면을 시켜주시곤 했다. 배달되어 온 냉면은 그저 '얼음 뜬 물 국수'에 지나지 않았다.

아버지는 딱 그렇게 보였다. 충분히 차갑지도 맵지도 않고 후줄근하고 축축 처지는.

 아버지가 가게를 접을 무렵, 어머니의 동생인 '(외)삼촌'이 자주 집에 놀러오곤 했다. 삼촌은 아버지에게 시계 기술을 배웠고, 나중에 강남의 한 아파트 상가에 시계방을 열었다. 아버지의 시계 사업은 일찍 몰락했지만 삼촌의 사업은 그 후에도 전도유망했다. 삼촌은 집에 찾아올 때마다 푸른 지폐 몇 장씩을 우리 형제에게 찔러주었고, 동네의 가장 좋은 음식점에서 꼭 갈비를 사주었다. 한 번은 자신의 상가로 우리 가족을 데려가서는 근처에 개업한 최고급 냉면 전문점에 데려가 함흥냉면을 대접했다. 무가 아니라 배가 고명으로 들어가 아삭아삭 씹히는 달콤 시원한 냉면을, 쇠고기 양지로 국물을 우리고 후추로 칼칼한 맛을 살린 진한 육수까지

곁들여서. 그것은 예전 시계 골목집의 딱 그 맛이었다.

　아버지는 망했지만 가족은 망하지 않았다. 어머니가 계셨던 덕분이다. 시계방을 폐업한 자리에 어머니는 화장품 가게를 여셨다. 아모레, 드봉 같은 화장품 브랜드가 TV에 광고를 타기 시작하던 무렵이었다. 어머니의 가게는 아버지의 가게보다 훨씬 수입이 좋았다. 어머니는 '화장품'에 어울리는 젊고 세련된 여성은 아니었지만 부지런했고 정보 습득에 빨랐으며 냉철했다. 80년대에는 학벌이나 자본 같은 배경 없이도 그런 사람들이 잘살 수 있었다. '포드주의' 시대가 '숙련 노동자'를 요구했듯, '3저'로 인한 호황을 누리던 그 시절 한국에는 동네 가게들이 '글로벌 경쟁' 없이 주민과 공동체를 꾸릴 수 있었던 것이다. 아무튼 어머니는 열심히 일하셨고 자식들에게 맛있는 밥을 자주 사주셨다. 기껏해야 시장통

점포에 불과했지만, 어머니는 거기서 나온 수입으로 자식들에게 조금이라도 좋은 음식을 먹이려고 애쓰셨다. 우리 형제는 종종 뷔페 레스토랑을 출입했고, 집에서 자주 쇠고기 등심을 구워먹었으며, 좋아하는 식당에서 원하는 메뉴를 맘대로 고를 수 있었다. 나는 물론, 냉면집에 갔다. 먼 데까지 찾아가지는 못했지만 동네와 근처의 모든 식당에서 냉면을 먹었다. 그중 시계 골목이나 삼촌네 상가 옆 냉면집에 필적하는 곳은 하나도 없었다.

    시간이 흘러 냉면은 꽤 고급 음식이 됐다. 냉면전문점도 동네마다 생기고, 그중 잘한다는 집은 한 그릇에 만 원을 부르는 곳도 있다. 분식집에서조차 5천 원 정도는 하게 되었다. 물가도 뛰었고 세월도 많이 흘렀으니 받아들이는 수밖에.

    그런데 값비싼 냉면집은 수두룩하지만 맛있는 냉면집은

찾아보기 힘들다. TV에 나왔거나 냉면 골목으로 유명하거나 입소문을 탄 집이라고 해도, 그 식당들은 내 어릴 적 시계 골목이나 삼촌네 상가 옆 냉면집을 따라가지 못했다. 맛있는 냉면은 참 드물다.

　나도 입맛이 변했다. 몇 년 전부터는 맵고 달고 시원한 함흥냉면보다 심심하고 담백한 평양냉면이 좋아졌다. 햇 메밀이 나오는 늦가을 즈음이면 유명한 평양냉면 식당을 순례하기도 한다. 육수가 아닌 면수에도 맛을 들였고, 한겨울에 먹는 차가운 물냉면의 별미도 알게 되었다. 동료와 종종 평양냉면을 먹기 위해 일부러 찾아가는 집도 생겼다. 인후동의 '평양옥류관'. 북한의 유명한 냉면집 이름을 딴 그곳의 냉면은 값이 꽤 되지만, 조미료를 사용하지 않고 좋은 재료를 써 우직하게 맛을 낸다. 어느덧 노포(老鋪)가 되어가는 그 식당이 주인도 바뀌지 않고 탈 없이 같은 맛을 내고 있는 것이 고맙다. 가격과 상관없이 그저 기꺼울 따름이다.

　그래도 아쉬움은 있다. 나는 옛날 함흥냉면 맛을 다시 한 번 만나고 싶다. 평양냉면을 잘하는 식당은 더러 있는데, 왜 함흥냉면을 잘하는 식당은 드문 걸까? 나도 한 번쯤은 아버지를 모시고 그런 집에 가서 슬며시 "아버지, 옛날 시계 골목 냉면집은 정말 맛있었어요"라며 속 보이는 공치사를 꺼내도 괜찮을 나이가 아닌가. 보란 듯이 아버지 앞에 수육 한 접시도 놓아드리고 술잔에도 술을 넘치도록 따라드리면서 '부자(父子)의 행복했던 시절'을 재연할 수 있지 않을까. 그러면서 "아버지, 이제 먹고 싶은 것 생기면 말씀하세요, 그때마다 제가 사드릴게요"라고 겸연쩍은

언사를 슬쩍 건네도 흥이 되지 않을 세월이 아닌가.

여름이다. 동료와 같이 먹는 평양냉면도 좋지만 아버지와 함께 맛보는 함흥냉면이 그리워진다. 오늘 밤은 아버지께 전화를 걸어 내일쯤 고사동 원조함흥냉면집에 자리를 예약해야겠다. 그 시절을 위해, 나를 위해 그리고 이제 늙으신 아버지를 위해.

[냉면]

동국세시기(東國歲時記, 헌종 15년, 1849년)에 이르길, 음력 11월에 메밀국수를 무김치와 배추김치에 말고 돼지고기를 섞어 먹는 음식이라 했다. 그러니까 양력으로는 12월이나 1월에 해당하는 한겨울 음식인 셈이다. 얼음을 동동 띄운 국수였기에 얼음조각(氷片)의 조달이 어렵지 않은 함흥이나 평양 같은 한반도 북쪽 추운 지방에서 유래했다.

냉면에 관한 가장 오래된 기록으로는 장유(張維)의 『계곡집』(谿谷集, 인조 21년, 1643년 발간)을 꼽을 수 있다. 이 책 27권에 '자장냉면'(紫漿冷麵, 자줏빛 육수의 면)이란 시가 있는데 '노을빛 영롱한 자주색 육수/ 옥 가루 눈꽃이 골고루 내려 배였어라/ 입 속에서 우러나는 향긋한 미각/ 몸이 갑자기 서늘해져 옷을 껴입었도다'라고 했다. 이외에도 『재물보』(才物譜), 『진찬의궤』(進饌儀軌), 『규곤요람』(閨壺要覽) 등에도 냉면에 관한 기록이 있는 것을 보면 17세기 이후 북한 지방뿐 아니라 한양까지 냉면이 전파됐던 것으로 보인다.

냉면이 지금처럼 유행하게 된 것은 19세기 말부터라는 게 정설이다. 평양에 냉면만 전문으로 취급하는 식당들이 그때부터 생겼다고 전한다. 1910년 평양 대동문 앞에는 2층으로 된 냉면식당이 문을 열기도 했다. 평양은 이후 냉면집들이 득세하면서 1920년대에는 평양냉면 전문식당들이 만든 협회라 할 수 있는 평양면옥상조합(平壤麵屋商組合)이 결성된 바도 있다.

서울에서 냉면이 성업하게 된 것도 마찬가지로 1920년대다. 낙원동의 부벽루, 광교 부근의 백양루, 돈의동의 동양루가 당시 가장 유명했던 서울의 냉면전문점이다. 이후 냉면은 한겨울에 한정되지 않고 사시사철 즐기는 음식이 되었다. 한반도 이남으로도 넓게 퍼져나갔다.

근래의 냉면 가운데 가장 잘 알려진 것은 평양냉면과

함흥냉면인데, 평양냉면은 메밀가루에 녹말을 섞어 반죽해 뽑은
국수에 오이나 배를 얇게 썰어 넣고, 삶은 계란이나 돼지고기 편육,
볶은 쇠고기를 고명으로 얹은 후 쇠고기, 닭고기, 꿩고기 중 하나로
끓인 육수를 차게 해서 붓거나 동치미 국물을 부어 먹는 국수를 말한다.
한편 함흥냉면은 감자녹말로 국수를 만들어 뽑고, 홍어나 가자미회를
고추장과 마늘 등으로 맵게 무쳐 비벼 먹는 것이다. 일반적으로
평양냉면을 물냉면, 함흥냉면을 비빔냉면이라 부른다. 또한 한반도
이남의 유명한 냉면으로는 진주냉면이 있는데, 오직 순 메밀로 국수를
뽑고, 쇠고기만을 삶아 국물로 부어낸다는 특성이 있다. 부산 지역에서
유명한 '밀면'은 한국전쟁 때 피난 온 이북 사람들이, 메밀 값이 비싸
구호물자인 밀가루로 국수를 뽑아 냉면 맛을 내려한 데서 기원했다는
게 통설이다. 냉면의 전파는 한국전쟁 당시의 피난 경로와 일치하는데,
이를 전라도 지역에 냉면이 발달하지 않은 이유로 꼽는 이들도 있다.

- 전주에도 냉면을 전문으로 하는 식당이 여럿 있다.
  평양냉면(물냉면)을 잘하는 곳으로는 인후동 전북대병원
  입구 '평양옥류관'(063-245-1656), 서신동 서신초교 부근의
  '다래면옥'(063-255-4291), 함흥냉면으로 이름난 곳은 영화의
  거리 고사동 새마을금고 부근 '원조함흥냉면'(063-282-9946)과
  동문 문화의 거리 '이래면옥'(063-288-6644) 등이다.

- 영화의 거리는 전주국제영화제가 펼쳐지는 장소로 메가박스,
  CGV, 전주시네마타운 등 영화관이 밀집해 있으며, 카페 거리와
  쇼핑 거리로도 유명해 젊은이들이 많이 찾는 전주의 '명동'이다.
  풍패지관(豊沛之館)이라고도 불리는 전주 객사와 접해 있다. 조선
  시대에 왕명으로 벼슬아치들을 접대하고 묵게 한 관사의 일종이라
  보면 되겠다. '풍패'(豊沛)란 한나라 고조(高祖)의 고향 지명으로

그 후 왕조의 본향을 일컫는 말이 되었는데, 조선 태조 이성계의
고향, 조선의 발상지라는 의미로 사용된다.

- 인후동은 기린봉(麒麟峰)의 뒤쪽에 있어 '인후'(麟後)동인데
우아동과 엮어 보통 아중리라 불리며, 이름난 식당들이 많다. 순
우리 농산물만 사용해 직접 면과 육수를 만드는 칼국수, 메밀국수,
콩국수 전문점 '토목수'(인후3동 주민센터 예원대 기숙사 옆,
063-241-5060)와 아주 깔끔한 족발과 보쌈 요리를 내며 밤
9시경이면 고기가 떨어져서 줄을 선 사람도 먹질 못하는 맛집
'도도보쌈'(인후동 푸른 산부인과 근처, 063-242-0010), 전주에서
막걸리 하나로 일가를 이룬 '옛촌막걸리' 아중점(인후초교 부근,
063-247-5550), 아중리에서 가장 큰 가맥집 '꿈의 광장'(인후3동
주민센터 예원대 기숙사 옆, 063-245-0880) 등 들러볼 집이 많다.

- '평양옥류관'은 전북대병원 입구, 전문건설회관 건너편에
자리하고 있으며 전주역에서 기린중학교 방면으로 105번,
119번, 337번 버스(배차시간 17~30분)를 타고 6정거장을 지나
전북대학병원 입구 정류장에서 내리면 된다. 고속버스터미널이나
시외버스터미널 또는 전동성당 한옥마을 정거장에서 전주역
방면으로 가는 79번 버스를 타도 멀지 않다. 이 79번 버스는
전주역에서 탈 경우 삼성병원 방면으로 가는 차를 타면 목적지에
금방 닿는다.

- 인후동 근처에는 아중리 숙박촌이라고 전주고려병원 건너편에

최신식 모텔이 집약된 모텔촌이 있다. 주말 숙박 4만 원 정도로 비교적 가격이 저렴하며, 대부분 최근에 새로 짓거나 리모델링한 업소들이어서 외관을 보고 마음에 드는 곳을 골라 묵으면 된다. 영화의 거리에서는 한성호텔(063-288-0014, www.hotelhansung.kr)이나 시네마모텔(063-283-6111)이 괜찮다.

11 가맥과 막걸리집

매일 벌어지는 기적

1.
전주를 처음으로 찾았던 때는 영화제가 한참 펼쳐지고 있던 한봄이었다. 하루에 4편씩 영화를 예매해 놓고는 아침부터 밤까지 극장에 앉아있었다. 아침 먹고 한 편 보고, 점심 먹고 한 편 보고, 커피 마시고 나서 한 편 보고, 저녁 먹고 나서 또 한 편 보는 게 일과였다. 가끔 아주 긴 영화가 있으면 중간에 밥 시간이 모자라는 때도 있었다.

그런 날은 어쩔 수 없이 김밥집을 찾았다. 세상에, 전주까지 와서 김밥집이 웬 말인가 싶겠지만 짬이 모자란 걸 어쩌랴. 지인과 함께 근처 김밥집에 들어가 얼른 나오는 식사를 주문했다. 나는 김치볶음밥, 친구는 쫄면.

그런데 우리 앞에 나온 두 접시는 전혀 다른 음식이었다. 김밥 한 줄과 푸짐하게 담아낸 오뎅 한 대접. 내가 외쳤다.

"아주머니, 음식 잘못 나온 것 같은데요."

"아니에요. 먼저 드세요. 음식 곧 나와요."
"네?"
"오뎅은 원래 누구에게나 드리는 서비스 음식이고요. 김밥은 두 분께서 저희 가게 처음이신 것 같아서 맛이나 보시라고 낸 거에요. 김치볶음밥과 쫄면 바로 나갑니다."

'다른 곳도 아니고, 김밥집에서 서비스 음식이 나온다고? 둘이 합쳐 6천5백 원짜리 주문에? 제대로 된 김밥 한 줄과 이것만 먹어도 배가 찰 것 같은 큰 사발에 오뎅이?'

나중에 영화관에서 전주 친구를 만나 이 이야기를 해줬더니 그는 심드렁하게 반응했다.

"원래 다 그래."

지인과 내가 믿어지지 않는다는 얼굴로 합창하며 말했다.

"그래?"

2.

영화제가 끝나갈 무렵, 전주 친구가 우리를 데려간 곳은 어느 허름한 주막집이었다. 이름은 주막이지만 서울로 치면 분식집 정도의 규모를 가진 꾀죄죄한 술집. 속 버리니까 저녁을 먼저 먹고 난 후에 본격적으로 술을 마시자는 내 제안을 그는 코웃음 쳤다.

"전주에선 그런 거 읎다."

그리고는 어느 골목길 주막 간판을 단 가게로 끌고 가더니 대뜸 막걸리 한 주전자를 시키는 것이었다. 안주를 뭐 시킬지에 대해서 내게 물어보지도 않았다. 아니, 아예 안주 자체를 시키지도 않았다.

기적은, 믿음이 부족한 자 앞에서도 일어나는 법인가. 주막집

아주머니는 우리가 마주하고 있는 4인용 식탁 위에 상보처럼 얇은 종이를 한 장 깔더니만 그 뒤로 접시들을 내오기 시작했다. 어리굴젓, 참취나물, 총각김치, 부침개…. 나는 밥 반찬을 주는구나 싶었다. 다슬기, 삶은 계란, 군밤, 찐 옥수수…. '오홋, 거기에 기본 안주도 있네.' 고등어조림, 두부김치, 동태찌개, 편육…. '어라 이게 뭐지.' 잡채, 꽁치구이, 꼬막, 오징어회 무침…. 그 뒤로도 안주가 몇 가지 더 나오면서 접시는 25개 정도로 늘어났고 결국 상을 가득 채웠다. 나는 젓가락을 든 채 곰곰이 고민했다. '과연 막걸리

주전자는 어디에다 놓아야 하는 것일까? 들고 마셔야 하는 것일까?'

기적은 계속되었다. 주전자를 새로 시킬 때마다 안주가 더 추가됐던 것이다. 결국 우리는 안주 접시를 연달아 치워가며 술을 마셔야 했다. 새로 나오는 접시를 놓을 곳이 없었기 때문이다. 산낙지, 대하구이, 간장게장, 삼합….

게다가 이 막걸리집은 안주 값을 따로 받지도 않았다. 술값만 계산하는 시스템. 막걸리 한 주전자(일반 막걸리 3통)에 1만 5천 원. 서울식으로 막걸리 값만 셈해 봐도 9천 원이었던 데다 맨 처음 나온 두부김치나 동태찌개, 꼬막 안주 값 중 하나씩만 따로 받아도 만 원은 할 것이었다.

기적은 게다가, 전주에 널리 퍼져 있었다. 주막을 나오면서 친구는 이렇게 말했다.

"여기 말고도 다른 주막집도 다 비슷해. 안주가 조금씩 다르고

술맛에 차이가 있을 뿐이야."

지인과 내가 믿어지지 않는다는 얼굴로 합창하며 말했다.

"그래?"

3.

전주에서 일하게 되면서, 방을 얻어 혼자 살았던 나는 저녁밥을 따로 먹는 일이 늘 성가셨다. 날이 으슥해지도록 사무실에서 일하다가, 술 생각이 동하는 동료와 함께 안주 반 술 반으로 저녁을 때우는 게 다반사였다. 그날도 저녁 무렵 선배 한 명과 아중리 근처 식당을 찾았다. 돼지고기 두루치기를 맛깔스럽게 차려내는 곳이었다. 맑은 술 한 잔씩을 따라 놓고, 두루치기가 구워지기를 기다리고 있는데, 불쑥 식당 문이 열리더니 얼굴이 불그스레한 30대 사내 셋이 들어섰다. 술집과 밥집을 겸하는 작은 식당에서 흔히 볼 수 있는 광경이었다. 셋은 어디에 앉을까 두리번거리는데, 갑자기 사장님이 주방에서 나오더니 그들 앞을 탁 가로막았다.

"돌아가세요."

"네?"(남자 셋은 영문을 모르겠다는 표정)

"우린 2차는 안 받아요. 다음에 오세요."

사내들은 머리를 긁적이고는 돌아갔다. 다음날 우리가 전주 토박이 친구에게 이 이야기를 해줬더니 그는 가볍게 벙싯거리고서는 답했다.

"그런 데가 많아."

선배와 내가 믿어지지 않는다는 얼굴로 합창하며 말했다.

"그래?"

4.

전주의 술자리가 일찍 파하는 법은 없다. 그래도 3차, 4차쯤 되면 취해서 더 못 마신다기보다는 배불러서 더는 못 마실 정도가 되는데, 그러면 전주 사람들은 나를 끌고 어느 어두운 골목길로 스며든다. "마지막으로 맥주 한 잔 햐." 우리가 들어간 가게의 간판은 'OO슈퍼'로 되어 있었다. '캔 맥주나 사서 밖에서 마시자는 이야긴가 보군.' 그렇게 생각하고 들어선 슈퍼의 내부는 또 딴 세상이었다. 실내에는 30~40명은 앉을 수 있을 만한 식탁과 의자가 구비되어 있었다. 거의 실내포장마차나 다름없었다고나 할까. 그는 자리를 잡고 앉더니 맥주 두 병을 시켰다. 병맥주와 컵을 내어 왔다. 전주 친구는 메뉴판을 보더니 덧붙였다.

"속 부대끼지 않게 안주는 황태(구이)나 시키자."

맥주를 컵에 따라 한 모금 입에 물었을 때, 안주 접시가 놓였다.

이제 기적은 시도 때도 없이 일어난다. 접시에 놓인 안주는 아무리 봐도 황태 같지 않았다. 그건 분명히 튀김이었다. 그것도 방금 튀겨내서 김이 모락모락 나는 치킨 비슷한. 궁금함을 못 참고 나는 물었다.

"이게 뭐냐?"

"닭발튀김."

"황태 시킨 거 아니었냐?"

"이게 기본 안주다."

"강냉이도 아니고, 무슨 맥줏집에 튀김 안주가 기본이야?"

"이거, 막 튀긴 거라 맛있다. 그리고 무한리필이야." 그제야 나는 경외감을 가지고 이 '슈퍼'라고 부르는 은혜로운 장소를 다시 한 번 둘러봤다.

안주로 나온 황태를 결국 다 먹지 못해 싸가지고 가자며 자리를 파할 때, 기적은 또 현현(顯現)했다. 우리 앞서 계산을 치른 팀은 직장에서 회식을 온 모양으로, 여성분 여섯에 남자 둘 도합 여덟 명이었고 그중 여성 한 명이 술을 너무 마셔 인사불성이 되고 말아 남자 하나가 그녀를 거의 업다시피 한 상태였다. 그중 최고참으로 보이는 나이든 여성분이 술값을 치르는 것을 보게 됐다. "안주 둘, 맥주 서른셋, 7만 9천 원." 나도 모르게 말이 입 밖으로 나왔다. "여덟 명이 맥주 서른세 병을 마시고 한 명은 고주망태가 됐는데 7만 9천 원이요?" 심드렁하게 주인장은 답했다. "네. 그쪽은 맥주 두 병에 황태 하나니까, 만 원 주세요."

전주 친구는 소리를 내지 않고 나를 보며 입만 벙긋하고 있었다. 보지 않아도 그가 무슨 말을 하는지 이미 알 수 있었다.

"원래 다 그래."
나는 웃지도 못하고 한숨만 쉬었다.
그래…다 그렇구나.

5.

전주에서 사는 동안, 나는 비슷한 경우를 연거푸 겪게 됐다. 기본 안주로 오징어구이와 과일샐러드를 주는 호프집, 6천5백 원만 받고 꼬막을 양푼 가득 삶아주는 술집, 안주 값도 안 받는데 광어회가 나오는 막걸리집, 수제비 넣고 끓인 황태국을 서비스로 내놓는 가맥집…. 음식에 있어서도 마찬가지겠지만 특히 술과 안주에 있어 전주는 '해방터'였다. 통영의 '다찌집'이나 마산의 '통술집', 차마 어디라 콕 짚어 말할 수 없는 전라도의 수많은 술집을 다녀봤지만 그 어느 곳도 전주 같은 장소는 없다. 손은 큰데 값은 헐하다. 전주는 그야말로 술꾼들의 천국이며 전주의 술꾼들은 은혜 받은 이들이다. 한 번 전주에 맛을 들이고 나면 서울에서 술집을 다니는 일이 고달파진다. 빈약한 안주와 높은 가격, 맛없는 술을 앞에 놓고 있으면 도무지 사기당하는 기분인 것이다.

　전주가 특별히 잘사는 곳은 아니다. 수도권과 대도시를 빼면 다른 소도시들과 조건은 사실 비슷할 것이었다. 그러나 전주가 특별히 잘사는 곳, 잘살아온 곳, 잘살게 하는 곳이라 생각되는 것은, 넘치는 안주와 헐한 술값이 아니라 최대한 저렴한 가격으로 정성들인 음식을 충분히 먹이려는 그 후한 마음씨들 때문이다. 그것이야말로 전주에서 매일 일어나는 기적이다. 안주가 맛있어서가 아니라 값이 싸서가 아니라 저 따뜻한 태도와 푸근한 생각이. 바지런히 손님을 대접하려는 저 후한 마음씨가 매일매일 곳곳에서 시도 때도 없이 벌어지는 믿기 힘든 기적이라고.

[전주 막걸리]
서민 술과 노동주로 인기를 끌던 막걸리는 산업화와 도시화 그리고 국산 곡식을 원료로 쓸 수 없도록 한 독재 정부의 시책으로 인해 1980년대부터 사양길을 걷는다. 그러나 양조기술의 발전, 원료의 다양화와 고급화 전략이 힘을 받으면서 2000년대 이후 막걸리는 다시 시장의 주목을 끌고 있다. 알코올 도수가 낮고 영양성분이 풍부해 웰빙 바람을 타기도 했다. 단백질 함량이 다른 술에 비해 높고, 필수 아미노산 10여 종과 피부에 좋은 비타민B군도 함유되어 있다. 한 병당 800억여 개의 유산균과 효모, 식이섬유도 들어있다. 술이 몸에 좋다고 하기는 껄끄럽지만 이는 최소한 덜 나쁜 술이라는 이야기다. 최근에는 나라 밖, 특히 일본에서도 인기를 모으고 있다.

전주 막걸리는 전주의 좋은 물맛과 부근의 곡창 지대인 김제, 만경의 고품질 쌀에 힘입어 예로부터 전국 3대 막걸리라는 명성을 얻었다. 여기에 푸근한 음식 인심, 저렴한 가격, 어울리기 좋아하는 전주만의 흥취가 덧붙여지면서 전주 막걸리는 하나의 명물로 고유명사가 되었다.

전주에는 대여섯 곳의 막걸리 촌이 있는데, 한옥마을 뒤편의 경원동(동문길), 삼천동 우체국 골목, 서신동 본병원 건너편, 평화2동 주민센터 부근, 인후-우아동 부근, 효자동 전일여객 부근에 주로 몰려 있다. 가장 번성한 곳은 삼천동 막걸리 촌이며 본문에서 소개한 '용진집'처럼 한 상 가득 안주가 깔리고 막걸리 한 주전자에 1만 5천 원에서 2만 원 정도 하는 형태다. 나머지도 이와 비슷하다. 한편 서신동 막걸리 촌도 가격은 다름없지만 안주의 숫자보다는 품질 높은 메인 메뉴 4~5종에 치중하는 형태다. 취향에 따라 선택하면 된다. 개인적인 단골집은 삼천동 '용진집'(063-224-8164), 삼천동 '사랑채막걸리'(063-225-5522), 경원동 '가인막걸리'(063-282-6455), 서신동 '옛촌'(063-272-9992) 등이다. 자세한 약도는 전주시청의 문화관광 홈페이지(http://tour.jeonju.go.kr)를 참고하거나 전주 곳곳의 관광안내센터에서 '막걸리 지도'를 달라고 하면 된다. 모두 한옥마을이나 영화의 거리에서 택시로 4천 원 정도 거리에 있고, 경원동은 걸어갈 만큼 가깝다. 그중 가장 큰 삼천동 막걸리 골목은 전주역이나 한옥마을 정류장에서 비전대 방면의 105번 버스를 타고 삼익수영장 정류장에 내려 걸어가면 된다.

[전주 가맥]

가맥은 전북 지역만의 독특한 맥주 문화로 '가게 맥주'를 뜻한다. 1960~1970년대 동네 구멍가게에서 간이로 술을 팔던 형태가 사라지지 않고 남아 규모가 더 커진 셈이라 할 수 있다. '가맥' 또는 '휴게실'이란 간판이 달린 슈퍼는 모두 병맥주와 간단한 안주를 판다. 병맥주는 병당 2천 원에서 2천5백 원 선. 취급하는 안주로는 황태구이, 갑오징어구이, 계란말이 등이 있다. 전주 가맥의 대표라 할 수 있는 '전일슈퍼'(간판 이름 전일갑오, 063-284-0793)는 황태와 갑오징어를 찍어 먹는 특유의 양념장이 유명하고, 본문에 나온 '영동슈퍼'(063-283-4997)는 서비스 닭발튀김이 매력이다(최근 닭발튀김 무한리필 정책이 없어졌으나 안주를 시킬 때마다 추가로 튀겨주는 인심은 그대로다). 또 '임실슈퍼'(임실 가맥, 063-288-1896)는 뜨끈한 북어수제비탕을 서비스한다. 풍남문과 구도청 사이 '초원슈퍼'(일명 초원편의점, 063-287-1763)는 보슬보슬 부드러운 황태구이가 특히 일품이다. 초원슈퍼를 제외한 위의 세 곳은 경원동 KT 전주전화국 뒤에 있으며 한옥마을과 영화의 거리에서 도보로 10분 정도 걸린다. 이 네 곳 모두 필자의 단골슈퍼인데, 사실 전주 가맥의 맥주 가격과 안주 수준은 대동소이하므로 어딜 가도 크게 떨어지지 않는다.

[기타 추천할 만한 술집]

본문에서 거론한 술집 가운데 앞에서 빠진 곳은 네 곳이다. 2차를 거절하는 고집 있는 아줌마 '옥희네'(전북 전주시 덕진구 인후동 1가 867-1, 063-246-0140), 꼬막 안주를 정말 푸짐하게 내놓는 전북대 정문 근처의 '통집'(전주시 덕진구 금암동 627-5, 063-277-8454). 안주로 광어회까지 나오는 막걸리집 '홍도주막'(전주시 완산구 효자동 1가 620-11, 063-224-3894), 서비스로 오징어구이와 샐러드를 주는 호프집 '치킨집 chickenzip'(전주시 덕진구 호성동 1가 863-45, 063-242-0707).

사실 그 밖에도 가격이나 품질 모두 훌륭하기 그지없는 수많은 술집이 많지만 일일이 다 열거할 수가 없다. 사실 전주에서는 잘하는 술집, 밥집보다 그렇지 않은 술집, 밥집을 찾는 게 더 어려울 정도니까.

12 황강서원, 문학대공원,
　　서부시장 연립

美는 어디에

　　국내 최초의 주상복합건물이자 말도 많고 탈도 많았던 비운의 빌딩, 세운상가를 설계한 건축가 김수근은 1971년, 자신의 건축사무소를 서울 종로구 계동에 짓기로 결심한다. 이를 두고 주변 사람들은 하나같이 만류했는데, 왜냐하면 그가 건물을 지으려 하는 땅이 경매 중에 있었기 때문이다. 어떻게 될지 알 수 없는 곳에 빌딩을 올린다? 이 허무맹랑한 계획은 그 후 한국근대건축의 '얼굴'로 선다. 바로 지금의 '공간 사옥'이다. 김수근은 당시를 이렇게 회상했다. "안간힘을 다해 지었다…돈이란 빚질 수 있지만 시간이란 빚을 얻을 수도 없고 갚을 수도 없다는 생각으로 마구 지었다."
　　자동차나 기차로 전주에 들어올 때 우리가 맨 먼저 보게 되는 것은 전주 톨게이트 또는 전주역 건물이다. 거기에는 공통점이 하나 있다. 하나같이 기와가 얹혀 있다는 것. 그리고 그 기와는 전주의 곳곳에서 무수히 다시 만난다. 시청건물, 덕진공원, 동물원, 버스정류장, 공중전화 박스, 다리 안내판…. 한옥마을을 제외하고도 그렇다. 전주를 대표하는 상징물은 기와처럼 보인다.

전주라는 지명을 수놓고 있는 낱말들은 얼마나 다양하고 또 화려한가. 가장 한국적인 도시, 역사 수호의 고장, 천년의 고도, 꽃심의 도시, 전통문화의 수도, 음식창의도시…. 어디에나 얹힌 기와처럼 그러한 수사들은 전주의 아름답고 영광된 옛 시절을 웅변한다. 그 한편에는 시나브로 낡고 옹색해진 소도시의 현재를 애써 감추고 치장하려는 몸부림 또는 강박이 웅크리고 있다. 현재는 보이지 않는데 과거만이 무성하다. 그리하여 이 도시는 가끔 한없이 늙어 보인다.

전주하면 떠오르는 대표적 여행지인 경기전 언저리 말고, 그러니까 한옥마을, 전동성당, 풍남문(남부시장), 오목대라는 집적된 상징들 또는 화석화된 이미지들 말고, 이 도시의 다른 과거와 현재를 이야기해주는 장소는 없을까? 전주시 완산구 효자동에 자리한 이 세 곳이 그에 대한 알리바이가 될 것 같다.

1. 황강서원

전주의 떠오르는 개발 지역인 서부 신시가지, 아파트와 신축 건물들로 빼곡한 가운데 초록색 점이라도 찍은 것처럼, 짙푸른 녹지와 그를 둘러싼 일련의 기와 건물들이 있다. 고려 말 정당문학(正堂文學)이란 벼슬을 지낸 대학자였던 이문정(李文挺)이 말년에 고향으로 돌아와 후배를 양성한 곳인데, 그가 세운 문학대와 이문정의 후손 이백유(李伯由)가 세운 서원을 아울러 황강서원(黃岡書院)이라 통칭한다. 강당 등 여러 재각과 외삼문 등을 갖추고 산등성이에 지은 곳인데 언덕을 따라 굽이치는 담장에

리듬감이 흐르며 살짝 틀어지은 사당의 배치에도 재기가 스며있다.

　서원 외에도 전주 이씨 시중공파별 종중(문중)이 더불어 모여있으며 그 뒤편으로는 전주 이씨 묘역이 있다. 묘역과 서원 사이로 3분쯤 올라가면 잘 정리된 평탄한 부지를 지키고 있는 고적한 목조 건물이 나온다. 바로 문학대(文學臺)다. 여기서 문학이란, 이문정의 벼슬 이름에서 따온 것이다.

　건물 자체도 볼 만하지만, 이곳의 매력은 전망에 있다. 후방을 뺀 삼면이 툭 트여 있어서 전주의 남서편이 훤히 펼쳐진다. 바로 아래편에 자리한 묘소와 도로를 하나 건너면 신축 원룸건물, 대형빌딩, 아파트, 공공기관들이 연이어 돋아나 있다. 그 정경은 전주의 과거가 현재와 어우러지는 보기 드문 풍경이다. 전주의

서쪽은 이 황강서원과 문학대 부지(문학대공원 포함)를 제외하면
거의 신도시급으로 재개발되어서 예전 모습은 찾아볼 수 없는데
이곳만은 예외다. 바다 가운데 한 점의 섬처럼 개발에 밀리고
도로에 치이면서도, 그 무자비한 속도와 규모로부터 한 뼘
떨어져 있는 독자적인 공간으로 살아남아 다행스럽기 그지없다.
한옥마을보다 더 예스러우면서도 넉넉한 시야를 품고 있으며
그래서 차분하게 풍경을 감아쥐는 곳, 종갓집 할머니처럼 꼿꼿한
데가 있지만 여전히 곱디 고와 어린아이처럼 그 품에 달려가 안기고
싶은 곳, 황강서원은 그런 기품과 우아함을 고스란히 간직하고
있다.

2. 문학대공원

황강서원 바로 옆에 자리한 능선으로, 원래 문학대가 있던 곳이기도 하다. 청동기 고분, 백제시대 분묘, 조선시대 회곽묘 등 여러 종류의 무덤이 신시가지 조성 중에 발굴되면서 시는 고민에 빠진다. 의논 끝에 당국은 개발을 계속하되, 유적을 현재 자리로 옮겨 그 일대를 공원으로 만들어 보존키로 결정한다. 이에 문학대를 황강서원 위쪽으로 이전했으며 그 터에는 옮겨온 고분을 가급적 원형대로 재현하는 동시에 그 구조와 유물 등의 현황을 쉽게 알아볼 수 있도록 전시관도 지었다. 그래도 이 공원의 가장 좋은 점은 그런 고증이나 교육적 가치가 아니라, 무덤 하나하나를 직접 밟아 오르며 살갑게 체감할 수 있도록 만든 것이겠다.

황강서원은 그 자체로도 볼 만한 곳이고, 문학대에서 바라보는 풍광도 후련하다. 그렇지만 황강서원과 전주 이씨 묘역, 문학대를 아우르는 이 각별한 조선의 성리학적 풍경은 문학대공원에서만 한눈에 조망할 수 있다.

기원전 고분에 올라서서 고려말과 조선의 풍경을 훑어보는 감상은 이채롭다. 또 시간을 한 번 더 건너뛰면서 산업화되고 도시화된 전주의 현재까지 세 겹으로 중첩해 볼 수 있는 풍경은 그야말로 희귀한 호사일 것이다. 2,000년을 관통하는 문화사적 사치가 가능한 곳이 바로 여기 문학대공원이다.

3. 서부시장 연립

이제 현대로 건너뛰자. 서부시장은 완산구 효자동 1가, 완산칠봉(용머리고개) 부근에 자리한 전주의 대형 재래시장 가운데 하나다. 이곳은 전주의 가장 큰 시장인 남부시장과는 달리 건물 내부에 가게들이 자리한 실내 시장의 형태를 띠고 있다.

서부시장은 5일장에서 상설시장으로 바뀌면서, 나대지에 난장의 형태였던 점포 배치를 뜯어고쳐 통째로 주상복합 형태로 재편한 것이다. 1·2층은 점포들이 들어선 실내 시장으로 만들고, 3층부터는 새로 대지를 조성하여 3층짜리 연립주택을 올려 분양한 것이다.

이 땅에서 연립주택은 사실상 절름발이 주거양식이라 할 수 있다. 도시화와 밀집화로 단독주택은 모자라고 아파트는 중산층만의 전유물이었던 60~70년대, 폭발하는 주거 수요를 충당하기 위한 임기응변으로 등장했다. 소규모 집 장사들이

여기저기에 뚝딱뚝딱 지어 바로바로 팔아치웠다. 획일성과 단조로움, 부실공사 등의 문제점을 안고 있는 연립주택은 임시 거처로 생명을 이어나갔을 뿐 주도적이고 성공적인 주택 유형으로 자리 잡지 못했다.

그렇지만 서부시장 연립은 그 예외로 꼽힐 만하다. 이 건물은 오래전에 지어져 좁은 진출입로와 낡아빠진 시장 상가의 하부구조를 갖추고 있음에도, 일단 아름다운 외면(exterior)을 선보이고 있다. 건물에 지붕을 둔 것 같은 옥상의 연두색 회칠은 산뜻하고, 흰색 외벽과 검정색 철제 펜스는 명확한 대비를 이루면서 기능적으로 제 몫을 다한다. 또 집으로도 편리하도록 1층에 자리한 집들은 공동 복도를 통하지 않고 바로 지상과 연결되는 개별 현관을

갖추고 있으며, 거기에 약간의 개인 공간이 곁들어져 장독이나 빨래 건조대 등을 놓을 수도 있다. 그야말로 아파트의 장점과 단독의 장점을 합한 형태다.

    서부시장 연립에서 가장 눈에 띄는 것은 상층으로 올라가는 개방된 외부 계단인데, 겉으로 드러난 하얀 직립 단면의 상승감과 검정색 펜스로 뒤따라가는 곡선 경사로가 어우러져 깔끔한 조화를 이룬다.

    또한 연립주택이면서도 안마당을 품고 있어 넉넉한 시야와 개방감을 확보하고 있다는 것도 특기할 만한 점이다. 지은 지 몇십 년이 지난 지방시장 부설 연립주택이 현대성과 조형미를 갖추고 있다는 건 드물다 못해 놀라운 일이기도 하다.

"돈이란 빚질 수 있지만 시간이란 빚을 얻을 수도 없고 갚을 수도 없다"는 김수근의 말을 다시 생각한다. 저 세 곳의 건축물은 어떻게 살아남았을까. 돈이 많아서? 화려해서? 집주인이 힘이 세서? 그렇게 답하는 것은 쉽지만 충분하지 못하다.

김수근이 그랬듯, 시대의 요구에 자신이 원하는 바를 겹쳐 그 공집합과 교집합을 한 몸에 최대한 실현하고자 했던 건축이 이 세 곳이 아닐까. 그 응축된 '안간힘'들이 세월과 부딪히고 또 화해하면서 철거할 수 없는 하나의 본보기로 남은 게 아닐까. 황강서원이나 문학대공원의 고분, 서부시장 연립은 그럼으로써 지울 수 없는 개별성을 획득한 게 아닐까. 우리는 그 개별성 혹은 그것들만의 특성을 독특한 아름다움으로 인식하는 게 아닐까.

미(美)란 사실 건축 양식에 자리하기보다는 건물이 사람에게 걸어오는 이야기에 달려있는 것이다. 옛 영화에 있는 게 아니라 지금 여기에 현존하는 것이며, 복제된 것이 아니라 새로이 발견하는 것이다. 따라서 전주의 매력은 경기전 반경 500m 안에 응축되어 있는 게 아니라 당신이 그곳에 가려다 숱하게 지나치는 작고 헐한 골목들과 평범한 일상 속에 있는 건지도 모른다.

나는 믿는다. 처음부터 그렇게 지어져서가 아니라, 우리들의 소소한 이야기가 아늑한 공간 속에 서서히 깃들면서 풍화를 견디고 살아남아 끝내 아름다워지는 것이라고.

그래도 사람들은 요동치는 우리네 질박한 삶보다는 정제되고 또 조명받은 박물관의 박제들에 변함없이 눈을 뺏기겠으나.

[황강서원(黃岡書院)]
원래 곤지산 아래에 있었으나 화재와 철거 등으로 피해 입은 것을
전주시 완산구 효자동 3가 295-3으로 옮겨 다시 지었다. 사당과 강당,
외삼문 등의 부속건물을 갖추고 있으며 고려 말에 성리학을 주창하고
불교를 배격하자 주창한 대학자 이문정을 주벽(主壁, 사당의 으뜸이
되는 위패)으로 모시고 있다. 황강은 이문정의 호다. 문학대(文學臺)는
이문정이 성리학을 강론하며 후학과 인재를 길러낸 곳으로 현재의
문학대공원 자리에 있었다가 옮긴 것이다.

[문학대공원]
황강서원 바로 옆에 자리하고 있으며, 공원의 이름은 황강의
문학대(文學臺)에서 따온 것이다. 신시가지 조성 과정에서 발견된 청동기
고분 유적들을 옮겨 복원한 곳으로 '마전유적지'로 불리기도 한다. 당시
백제의 지방 세력이 중앙 세력에 동화되는 과정을 엿볼 수 있는 귀중한
유적이다. 마전유적 1~5호분과 돌덧널무덤 등이 있다.
황강서원과 문학대, 문학대공원 모두 한옥마을(전동성당)
정류장에서 전주시청 방향으로 61번 버스를 타고 아이파크 정류장에
내리면 3분 거리다.

[서부시장 연립]
전주시 완산구 효자1동 201-2에 자리한 건물로, 철근콘크리트로 지은
5층 건물이다. 1·2층은 재래시장, 3~5층까지는 연립주택으로 나뉘는데,
서로 통해 있으면서도 구획을 따로 구분하여 요즘의 주상복합 형태를
띠고 있다. 건물 왼편의 진입로를 따라 들어갈 수 있으며 모양이나
구조가 특이해서 서부시장과 함께 구경할 만하다. 한옥마을(전동성당)
정류장에서 남부시장 방면으로 3-1번, 12번, 235번, 291번 등의 버스를
타면 20분 안에 서부시장 정류장에 도착한다.

13 오목대, 이목대, 경기전

조선의 초상

경기전에 관해 자료를 찾다보면, 너나없이 두루 인용하는 문장이 있다는 걸 쉽게 눈치 챌 수 있다. 전주 출신으로 대하소설『혼불』의 작가인 최명희가 쓴 단편『만종』의 한 단락.

"고궁(古宮)의 묵은 지붕 너머로 새파란 하늘이 씻은 듯이 시리다. 우선 무엇보다도 그것에는 나무들이 울창하게 밀밀하였으며, 대낮에도 하늘이 안 보일 만큼 가지가 우거져 있었다. 그 나무들이 뿜어내는 젖은 숲 냄새와 이름 모를 새들의 울음소리며, 지천으로 피어 있는 시계꽃의 하얀 모가지, 우리는, 그 경기전이 얼마나 넓은 곳인지를 짐작조차도 할 수 없었다."

경기전은 사실 이 글 한 토막에 오롯이 담긴다고 할 수 있겠다. 경기전은 조선 태조 이성계의 초상화(御眞)를 봉안한 사묘(廟祠, 사당과 묘역)인데도, 궁궐의 형식을 본떠 지어졌다. 실제로 조선 이후 한강

이남지역에서 유일한 궁궐 건물이다. 태조왕의 영정을 모시면서, 왕이 거기 계신 것과 같다 하여 웅장한 궁정 건축양식을 차용한 것이다. 정문과 홍살문, 외삼문, 내삼문과 본전이 일직선으로 놓여있으며 가장 깊은 데 자리한 정전까지 한눈에 꿰뚫을 수 있는 지엄하면서도 단아한 풍경을 펼쳐 보인다.

　실제로 경내에 있으면 세상은 한껏 아늑해진다. 우윳빛 담장과 먹색의 기와는 차분하게 마음을 가라앉히고 드센 바람은 담장에 가로막히며 소슬해지다가 내삼문 오른편 대숲을 흔들면서 마침내 온화해진다. 덩치 큰 느티나무와 듬직한 잣나무, 매끈한 배롱나무와 허리 굽힌 매화나무가 번갈아 구름에게 손짓할 때, 맑게 갠 하늘은 어느새 고궁의 푸근한 지붕으로 드리운다.

　연둣빛에서 초록빛으로 숲이 영그는 봄, 매미 소리와 새 소리로 온통 넘쳐나는 여름, 절절히 흩날리면서 붉고 노란 주단이 깔리는 가을과 흰 눈 소복이 덮여 감탄사 말고는 전부를 두터운 침묵으로 빨아들이는 겨울에 이르기까지 경기전은 여기저기에 절창을 품고 있다. 최명희는 그 너비를 짐작할 수 없다 했지만, 사실 이곳은 회화적 아름다움의 깊이를 쉬 헤아릴 수 없는 곳이다. 그 고전미를 완상(玩賞)하는 일이, 전주에서 으뜸가는 호사일지도 모른다.

어진은 본래 여러 곳에 보관되었으나 여러 난리를 겪으면서 거의 남아나지 않았다. 경기전의 어진은 태조 재위 당시 그려진 경주의 어진을 베껴 그린 것으로, 1872년(고종 9년)에 다시 베껴낸 그림이다. 한반도 이남에 남은 유일한 어진으로 2012년에 국보로 승격되었으며 지금은 경기전 뒤편의 어진 박물관에 세종, 영조, 정조, 철종, 고종, 순종의 어진과 함께 봉안되어 있다.

조선시대 초상화의 이념은 극사실주의에 있었다. '터럭 하나라도 닮지 않으면 다른 사람'(一毫不似 便是他人)이라는 일호불사론으로 화가가 실제 모습에 최대한 가깝게 그리도록 요구했다. 시간을 들여 일곱 왕의 어진을 찬찬히 훑어보면 개성 있는 생김새가 낱낱이 드러나면서 은연중에 차이와 공통점도 확연해 흥미롭게 음미할 수 있다.

경기전 산책의 즐거움이 정문-홍살문-외삼문-내삼문-정전-어진으로 이어지는 직선적 역사성에만 있는 것은 아니다. 본전을 둥그렇게 감싸고 있는 드넓은 뜨락과 산포된 부속 건물까지 천천히 거닐 때 예스러움과 생동감이 나란하게 솟구친다. 태조의 22대조 위패를 전부 모신 조경묘(肇慶廟)의 경건함, 조경묘 앞에 자리한 조선의 정기를 상징하듯 푸르고 고고한 소나무 언덕, 예종대왕이

13

오목대, 이목대, 경기전 - 조선의 초상

태를 묻은 태실비(胎室碑)의 오종종한 귀여움, 은행나무와 상수리나무, 측백나무, 주엽나무가 한데 어우러지면서 빚어내는 청명한 그늘, 정문 앞을 지키는 하마비(下馬碑) 두 마리 사자의 개구진 표정.

또, 전주사고(全州史庫)의 꿋꿋한 풍채를 빼놓을 수 없겠다. 단일한 책으로는 세계에서 가장 많은 분량을 담고 있으며 기록된 기간 역시 세계에서 가장 길다는 조선왕조실록은 임진왜란, 정유재란을 겪으면서 전주사고 보관분을 제외한 나머지는 모두 불에 타거나 잃어버리고 만다. 조선의 왕 25명 472년의 꼼꼼한 역사 기록을 제대로 봉안하기 위해, 습기를 피할 수 있는 2층 구조로 지었으며 그 얼개가 엄격하고 탄탄하다.

공중에서 촬영하면 초록 숲을 껴안은 오밀조밀한 궁궐처럼 보이는 경기전은 태조왕의 초상화를 모신 단순한 어용전(御容展)이 아니라 있는 그대로 '조선의 초상'이기도 하다. 태조의 본향으로 이성계 가문의 역사와 건국의 순간들이 여실히 담겨있는 장소가 경기전에서 그 앞길인 태조로(太祖路)를 따라 오목대, 이목대까지 이어지는 까닭이다. 잠깐 갓길로 새자면 태조로의 양옆에 늘어선 회화나무는 옛적에 서당에서 회초리로 쓰였던 것으로 과연 유교의 본향에 세워진 가로수답다.

1380년(고려 우왕 8년), 운봉 황산에서 왜구를 크게 무찌른 이성계는 개경으로 돌아가면서 고향 전주에 들러 승리를 자축하는 잔치를 연다. 취한 나머지 그는 한나라 태조인 유방의 대풍가(大風歌)를 크게 부르면서 고려를 무너뜨리고 새 나라를 세울 것을 은근히 내비쳤다. 그때 이성계의 종사관이었던 정몽주가 분을 못 이겨 자리를 박차고 만경대에 달려가 우국시인 망향가를

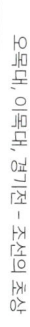

노래했던 것이다(시 전문은 남고사 편 참고). 이씨 종친들과 함께 조선 건국을 처음 다짐했던 이 자리가 한옥마을 공예품전시관 뒤편의 야트막한 언덕에 위치한 오목대(梧木臺)다. 오목대 바로 앞에는 '태조고황제주필유지'(太祖高皇帝駐畢遺址)라고 고종이 직접 쓴 기념비와 비각이 있다. 오목대 자리에서 한옥마을과 경기전을 내려다보는 풍광은 전주에서 으뜸이라기보다는 호남에서 으뜸이라 할 만하다. 어깨를 맞붙인 크고 작은 한옥들의 맵씨 있는 처마와 호젓하면서도 위엄을 자아내는 경기전, 그 사이에서 독특한 서양 건물로 솟은 전동성당이 화사하게 어울리면서 그 지난했던 세월을 한꺼번에 체감케 만드는 까닭이다.

　그 오목대에서 구름다리 하나를 건너가면 바로 이목대(梨木臺)다. 이목대는 전주가 이성계의 고조할아버지인 이안사가 살았던

동네임을 기념해 세운 비각으로, 원래 승암산 중턱에 있었으나 일제가 철로를 뚫고 기린로가 개설되면서 현재의 위치로 옮긴 것이다. 이 오목대와 이목대가 자리한 승암산 자락을 이성계가 발호한 산이라 하여 발리산(發李山)이라고 부르기도 한다. 이목대 앞에도 '목조대왕 구거유지'(穆祖大王舊居遺址)라는 고종의 친필 비각과 기념비가 있다. 오목대와 이목대의 한자표기는 묏木臺, 五木臺, 梧木臺 그리고 二木臺, 李木臺 등으로 시대에 따라 다르게 했는데 오동나무나 오얏나무가 많아서, 또는 거기서 벼슬을 얻고 나라를 시작했다는 의미 등으로 설화에 점점 살이 붙었기 때문이라고 한다.

오목대에 서서 두 개의 세상을 굽어보자. 600년 전 세상과 지금의 세상을, 서로 다른 철학으로 옛 것을 거부하고 새로움을 숭앙했던 사람들을, 그 제도와 문물 아래 위태롭게 출렁였던 장삼이사 일희일비의 삶들을.

또한 세태에 휩쓸리지 않고 근본을 들여다보았던 또 다른 사람들을, 역모라 불리웠지만 혁명을 주창했던 사람들을. 그리하여 일어난 동학과 천도교와 브나로드(V narod, 민중계몽운동)의 개벽을. 개방과 평등, 정의를 두고 싸운 숱한 투쟁과 간신히 얻어낸 평화를.

두 개의 세상은 지금도 포개져 있다. 다만 별개처럼 느껴질 따름이다. 경기전과 오목대, 이목대가 표징하는 것이 그저 아득하게만 느껴지는 먼 과거일 뿐이라면 그것은 풍경의 반쪽일 뿐.

우리는 세상을 두 번 살 수 있다. 한 번은 현재를, 한 번은 미래를. 그러나 미래는 현재를 남김없이 겪어낸 이들에게만 허락되는 간절한 상상이며 또한 꿈인 것. 경기전 역시 한때는 누군가의 백일몽에 지나지 않았으나 그 백일몽이 현실의 한계를 깨뜨리고 지상에 구현되었던 흔적이다. 그처럼 우리는 다른 꿈을, 다른 형태로, 다른 방식으로 언제나 다시 한 번 지상에 구현할 수 있다. 우리가 진정 원한다면 실은 몇 번이라도.

그러므로 경기전은 여전히 생생하게 살아 숨쉬는 진행형 초상화인 것이다. 상상하는 만큼만 그려낼 수 있는, 누군가에는 과거이며 누군가에는 현재이고 또 미래인.

[경기전(慶基殿)]

조선 태조의 영정(影幀)을 봉안한 전각으로 전주시 완산구 풍남동3가 102에 있다. 사적 제339호. 1410년(태종 10년) 전주, 경주, 평양에 지어 어용전(御容殿)이라 하였다가 태종 12년(1412년)에 태조 진전이라 명명했으며 1442년(세종 24년)에 전주는 경기전, 경주는 집경전, 평양은 영흥전으로 달리 불렀다. 경기전의 경역은 정전(正殿)과 조경묘(肇慶廟)로 나뉘며, 정전에 태조 어진(초상화)을 모시고 있다. 조경묘는 정전 뒤편(북쪽)에 자리하며, 태조의 22대조이자 전주 이씨의 시조인 이한(李翰) 부부의 위패를 봉안하기 위하여 1771년(영조 47년)에 지은 것으로 영조가 직접 위패를 썼다. 2010년에 창건 600주년을 맞았다. 유형문화재 제16호.

경기전은 일제강점기인 1919년에 민족말살정책에 의해 부속건물이 일본인 소학교로 지어지는 등 본래 모습이 크게 훼손된 바 있다. 그러다 1997년에 중앙초등학교를 옆으로 옮기고 2004년에 부속건물을 복원해 지금의 모습을 갖췄다. 정전은 다포계 건물로 유교 건축답지 않게 화려한 데가 있다. 매일 오전 11시, 오후 2, 4시에 정문 앞에서 문화관광해설사가 안내해주는 '해설투어'에 참가할 수 있다. 입장료는 성인 1,000원. 청소년 700원. 전주와 완주 시민인 경우, 성인 500원, 청소년 400원.

[이목대와 오목대]

오목대는 1380년에 이성계가 황산에서 왜구를 토벌하고 귀경하는 도중 승전을 자축하는 연회를 열었던 곳으로 1900년(고종 37년) 고종이 친필로 쓴 '태조고황제주필유지'(太祖高皇帝駐畢遺址)가 새겨진 기념비가 세워져 있다. 경기전에서 동쪽으로 400m 정도 떨어진 승암산 자락에 있다. 이 승암산 자락은 현재 구름다리로 연결된 기린로 너머의 이목대까지 이어져 있었는데, 전라선 철도가 개설되면서 이목대의 자리를 조정한 것이다. 이목대에도 고종이 친필로 쓴 '목조대왕구거유지'(穆祖大王舊居遺址)가 새겨진 비가 오목대와 동시에 세워진 바 있다. 또한 이목대가 자리하고 있는 자만동은, 최근 마을벽화 작업이 완료되어 골목길을 따라 산뜻한 그림을 보는 재미가 쏠쏠하다. 시간이 된다면 이목대와 함께 둘러봐도 좋겠다.

[어진박물관]

조선 태조(이성계)의 어진이 보관되어 있는 곳으로 경기전 내에 있다. 지상 1층, 지하 1층 규모로 어진실과 가마실, 역사실, 수장고, 기획전시실 등을 갖추고 있다. 현존하는 유일한 태조 어진을 소장하고 있으며 세종, 영조, 정조, 철종, 고종, 순종 여섯 분의 어진도 전시되고 있어 경기전과 함께 관람하기에 좋다.

- 한옥마을, 전동성당에 경기전까지 모여있는 이곳은 전주의 가장 인기 있는 여행지여서 유명한 식당들이 많다. 그중에서 걸어서 10분 거리인 동문길 '왱이집'(063-287-6980), 경기전 담장길에 자리하며 국수카페로 이름난 '이오스'(063-283-1949), 전국에서 유일하게 첨가물을 전혀 넣지 않고 정읍 쌀로만 만드는 송명섭 막걸리를 맛볼 수 있는 술집 '귀인집주'(063-282-4009), 경원동 막걸리 골목의 대표주자인 동문시장 사거리의 '가인막걸리'(063-282-6455)가 실속 있다. 남부시장에서 순댓국을 먹는 것도 좋은 선택이겠다. '조점례 남문피순대'(063-232-5006)가 가장 유명하지만 개인적으로 필자는 그 앞 '금구집(063-288-6619)'도 좋은 선택이라고 생각한다.

- 전주역이나 버스터미널에서 한옥마을(전동성당) 정류장까지는 택시로 10여 분, 버스로는 20분 정도 걸린다. 5-1번, 79번 버스가 15~25분 간격으로 다닌다.

- 이곳에서 걸어서 5분이면 동문길, 또 5분이면 남부시장(풍남문), 20분이면 전주국제영화제가 펼쳐지는 영화의 거리에 닿을 수 있다.

- 숙소는 한옥마을 한옥민박(전주한옥체험관 063-287-6300 http://www.jjhanok.com, 학인당 063-284-9929 http://cafe.naver.com/hakindang)이나 영화의 거리 쪽 숙박(한성호텔 063-288-0014 www.hotelhansung.kr, 시네마모텔 063-283-6111)을 이용하면 되겠다. 한옥마을 끝에는

전주의 최고급 호텔인 리베라호텔(063-232-7000, http://www.core-riviera.co.kr)도 있다.

14　전동성당과 치명자산
　　 (천주교 순교성지)

수난의 양식

　종교의 역사를 달리 표현하자면 일종의 '수난사'가 아닐까? 전쟁이나 역병이 아니었더라도 세상은 언제나 어지러웠고 그 혼란한 가운데 어떤 이들은 지상의 울타리에 보호받기보다는 천상의 집에서 안식을 찾고자 했다. 내세를 꿈꾸는 사람들에게 현실이란 아주 잠깐 들르는 임시 거처나 다름없는데 강퍅한 사회는 윤리라는 주홍글씨로 정신적 영생을 택한 신자들의 현세적 삶을 박해했다. 그 박해의 끝은 개인은 물론 일가친척까지 모조리 목숨을 뺏는 멸문(滅門)이었지만 그 절체절명의 위험 앞에서 꿈꾸는 자들은 대개 두려워하거나 떨지 않았다. 눈앞의 생존보다는 약속된 미래를 택했으며 따라서 '현실의 배제'를 운명으로 받아들였다. 고통스런 현실과 순정한 이상 사이를 죽음이라는 출렁다리를 밟고도 기어이 건너가고자 했던 자취들이 모든 종교의 발달사라 해도 지나치지 않다. '수난'은 예수 이전에도, 그 이후에도 사회가 허락하지 않는 다른 꿈을 꾸고자 했던 이들이라면 예외 없이 받아들여야 했던

통과제의였다.

　서학(西學)은 가톨릭 선교사들이 천주교를 효과적으로 전도하기 위해 서양문명의 기술문화를 한문으로 번역해 중국에 전파하면서 비롯되었다. 수학, 지리, 천문, 과학, 정치…. 일단 학문의 형태로 조선에 수입되었으며 그 후 신앙으로 뿌리내렸다. 우리 땅에서 서학이 홍대용, 정약용 등 진보적 학자들 사이에 크게 유행했던 것은 서양의 눈부신 발전상과 신기한 기술과학 체계 덕분이었다.

　그러나 서학의 진짜 힘은, 선진 문물에 있었다기보다는 종교적 전염력에 자리 잡고 있었다. 일단 학문의 형태로 들어온 천주사상은 사랑과 평등을 강조하는 개벽적 섭리로 남녀 차별과 반상(班常)의 엄격한 위계, 봉건적 토지소유 제도 등으로 몸살을 앓고 있던 근세조선을 크게 위협한다. 기술은 받아들이되 신앙은 배격하자는 목소리가 잠시 힘을 얻기도 했지만, 결국 자발적으로 가톨릭을 받아들인 이들이 전통적 신분관계를 해체하게 되면서 권력과 체제는 이를 계급과 기득권에 대한 심각한 위협으로 인식하게 된다. 따라서 양자 간의 충돌은 당연한 일이었고 새로 믿는 자들은 수난을 피할 길 없었다.

　전주는 그 천주교 수난을 한반도에서 첫 번째로 감당했던 '순교의 도시'다. 팔달로와 태조로의 교차점에 자리한 전동성당은 주로 그 외형적 아름다움으로 유명하지만 실은 국내 '가톨릭 제1성지'로 엄청난 역사·종교적 의미를 품고 있다.

　중세와 전근대, 근대를 각각 상징하는 전주의 건축물인 경기전, 풍남문과 전동성당을 한 줄로 이어 하나의 삼각형을 만든다면 그것은 18세기 말, 한국 천주교회사의 '붉은 트라이앵글'이 될

것이다. 지금의 경기전 자리는 사실 옛적 전주성이 있던 곳(경기전 정문 앞의 보도의 요철 표시는 예전 성벽이 있던 자리를 나타내고 있다)이며 전주성의 남문인 풍남문은 많은 천주교 신자들이 목숨을 잃은 장소이기도 하다. 정약용의 권유로 천주교를 받아들인 윤지충은 1791년 전라도 진산(현재의 충남 금산)에서 어머니가 돌아가시자 같은 신자였던 사촌 형 권상연과 의논해 신주를 모시지도, 제사를 지내지도 않기로 한다. 이것이 사람들의 입길에 오르면서 조선 전체가 크게 들끓었다. 결국 두 사람은 전주로 압송되어 전주성에서 취조 후 참수 판결을 받았고 풍남문 밖, 지금의 전동성당 자리에서 목이 베어 9일 동안 내걸린다. 이것이 한국 천주교 사상 첫 번째 순교. 역사는 진산사건(珍山事件) 또는 신해박해(辛亥迫害)라 부른다.

전동성당은 윤지충의 첫 순교 이후 딱 100년이 되는 해인 1891년에 바로 그 순교지에 성당 터전을 마련한 '호남 모태 본당'이다. 1908년 초대 주임인 보두네 신부가 건립을 시작해, 명동성당을 설계한 프와넬 신부의 설계로 1914년 완공했다. 2014년이면 완공 100주년이 된다. 일본제국주의 치하에 있었던 당시, 신작로를 내기 위해 풍남문 성벽을 허물었는데 보두네 신부가 그 돌들을 가져다 성당의 주춧돌로 삼았다고 한다.

그렇지만 전동성당은 그 선연한 역사성보다는 빼어난 건축미로 더 잘 알려져 있으며 '가장 아름다운 교회'로 한반도에서 첫 손가락에 꼽힌다. 중앙의 높다란 종탑을 중심으로 양쪽에 기품 있게 배치된 작은 종탑들은 씩씩하면서도 조화롭고, 풍남문의 성벽이 있던 화강암을 기단으로 층층이 쌓아올린 붉은 벽돌의 평행선과 돔형 지붕의 곡선감은 듬직하면서도 화사하다. 성당 내부는 3층 구조로 1층의 열주랑(arcade), 공중회랑(triforium), 광창(clerestory)으로 구분되는데, 하나같이 아리따운 곡선을 바탕으로 반원형으로 응집되는 로마네스크 양식을 기본으로 삼으면서도 종탑부의 돔이나 석조기둥 같은 비잔틴 요소까지 포함하고 있어 우아하면서도 이채롭다. 한낮에 성당 안에 있노라면 양측 벽면의 18개 창문 가운데 12개 색 유리창(스테인드글라스)을 통해 들어오는 빛으로 실내가 드라마틱하게 푸근하고 따스해지는데, 그때의 성당은 그야말로 빛과 색의 성채로 변하면서 자못 황홀해진다.

이야기를 다시 순교로 돌려보자. 일단 휘둘러진 칼날은 쉬지 않고 춤을 추었다. 정약용과 고종사촌 간이며 또 윤지충과 이종사촌 간이었던 전주의 큰 부자 유항검은 가족이 전부 천주교 사상에

깊이 감화하면서 그 많던 재산을 아낌없이 쓴 결과 주문모 신부를 중국에서 들여온다. 선교사를 데려오기 위해 외세인 서양 선박까지 이 땅에 끌어들인 중죄(이른바 대박청원, 大舶請願)라 하여 유항검 본인과 처 신희, 큰아들 유중철, 그의 부인 이순이, 둘째 아들 유중성, 그의 처 이육희, 조카 유문석 등 일가 7명이 모두 체포되고 곧이어 끔찍하게 참살된다. 1801년(순조 1년) 유항검은 이번에도 풍남문 밖, 현 전동성당 자리에서 능지처참형을 받아 사지가 찢기면서 윤지충,

권상연에 이어 순교한다.

　서학교도의 처형은 유항검 이후로도 끊이지 않았다. 옛 해성중·고교 터에서는 참수형, 경찰청 뒤편의 전주옥 자리에서는 교수형과 아사형, 서천교 일대에서는 매를 때려죽이는 장폐, 전주천변의 초록바위에서는 물에 익사시키는 수장으로 수많은 순교자가 연이어 목숨을 잃었다. 순교가 쏟아지는 피눈물의 땅. 훗날 바티칸은 그때의 전주를 '한반도에 떨어진 가톨릭의 붉은 밀알'로 아로새겼을 것이다.

　유항검의 맏아들로서 역시 가톨릭에 입교한 유중철은 주문모 신부에게 평생 동정으로 살면서 천주에게 자신의 삶을 바치겠다고 밝힌다. 마침 주 신부는 지봉 이수광의 8대손 이윤하와 권일신의 여동생 사이에서 태어난 딸인 이순이(루갈다)에게도 같은 고백을 듣는다. 신부의 주선으로 이순이는 유중철과 명목상의 결혼식을 올리고 4년간 동정부부로 살다 스무 살의 나이로 순교한다. 그녀가 옥중에서 가족에게 보낸 편지는 동정부부로 사는 것이 실제로 얼마나 힘겨운 일이었는지 솔직하게 드러낸다.

　　"육체적인 유혹이 심해 마음이 두렵기가 얇은 얼음장을 밟는 듯,
　　깊은 연못가에 서 있는 듯 했어요…(천주님께)간절히 기도하여
　　겨우겨우 동정을 온전하게 지킬 수 있었습니다."
　　　　　　　　　　　　　　　　　　　　　-언니에게 보낸 편지 중에서

　유중철, 이순이를 포함한 유항검 일가 7명의 시신은 노복과 지인들에 의해 은밀히 수습되어 가매장되었다가 전동성당이

완공되면서 신부와 신자들에 의해 승암산 정상으로 옮겨져 합장되었다. 이후 승암산에 덧붙여진 이름이 '치명자산'(致命者山)이다. 여기서 '치명자'(致命者)란 순교자를 뜻한다. 절절한 편지와 굳은 신념으로 신자들의 마음을 울린 이순이의 세례명 루갈다를 따 '루갈다산'이라고 부르기도 한다.

  한벽루에서 도보 5분 거리, 승암교 옆 몽마르뜨 언덕에서 출발해 '천주교 성지 치명자산'이라고 쓰여진 성지 입구를 통과하면, 피에타 상을 중심으로 길이 두 갈래로 양분된다. 오른편은 전주교구 성직자들의 묘역이며 왼쪽은 '십자가의 길'이다. 대중적인 코스인 '십자가의 길'은 가파른 경사와 나무계단을 번갈아 반복하면서 험난하게 굽이쳐 14곳의 십자가 무덤을 에워싼다. 그곳을 헐떡이며 순례하고 나면 의외의 광경이 펼쳐지는데, 절벽을 파고 지은 번듯한 성당이 별안간 산중에 출현하는 것이다. 바로 순교 기념 산상성당, 치명자산 성당이다.

  이 성당은 소박하면서도 자못 경건하며 그 내벽에는 이순이(루갈다)의 편지가 새겨져 있어 특별한 감동을 선사한다. 성당 벽 양측으로 놓인 계단을 통해 다시 올라가면 대형 광장이 나오고, 그 바로 위편이 치명자산(승암산)의 정상이며 거기에 유항검 일가의 합장묘와 대형 십자가가 있다. 거기서 보이는 전주천과 춘향로(남원길)의 풍경은 그저 허허롭고 고즈넉한데, 그건 아마도 그때 목숨을 걸고 꿈꾼 이들이 간절히 얻고자 했던 평화가 아니었나 싶기도 하다. 새로운 세상을 꿈꾸는 일은 늘 목숨을 걸어야 하는 위험이며 또한 제 자신뿐 아니라 타인의 고통까지 짊어지고 건사하는 일일진대, 그 최후의 순간 삶이 경각에 달려있는 그

찰나에도 그들은 어쩌면 그렇게도 지순하고 정명했던 것인지.
루갈다 이순이의 편지를 마저 읽어본다.

"편지에 잔뜩 장황하게 늘어놓은 많은 말로 자신은 착하지도 못하면서 남들에게는 착하라고 권했습니다. 참으로 저야말로 길가 장승처럼 사람들에게는 길을 가르쳐 주면서 자신은 길을 가지 못하는 것이나 다름없었습니다."

정열과 격정, 열망을 뜻하는 서구 공통어 'passion'은 그 뜻을 중세의 라틴어 'passio'에 기대고 있다. 'passio'의 본래 뜻은 '수난' 혹은 '고통'을 의미한다. 열정 또는 수난. 전동성당과 치명자산에서 이순이와 유중철을 생각하고 있노라면, 그 말이 서로 겹친다. 한 몸처럼, 아주 순하게.

[전동성당]
전주시 완산구 전동 200-1에 자리하고 있으며, 본래 전라감영이 있던 자리에 지은 것으로 우리나라의 첫 순교자가 나온 곳이기도 하다. 호남에서 가장 오래된 서양 건축물이다. 한국의 가장 아름다운 성당으로 꼽히기도 하는데, 그에 대해 여기서 설명하기보다는 직접 가서 보길 권한다. 성당 내부는 물론, 외벽을 따라 한 바퀴 돌면 그 아름다움이 선명하게 묻어날 것이다. 또 경기전 안쪽에서 담장 너머로 솟은 성당의 모습이나 해 저문 저녁 이후 오렌지색 조명에 힘입은 야경도 빼놓아선 안 될 절경이다. 사적 제 288호. 또한 이 성당 뒤편에 세워진 고전적이면서도 세련미가 넘치는 건물, 사제관도 눈여겨보시라. 본당에 못지않게 아름다운 곳이므로. 전북문화재자료 제178호.

[치명자산]
정식 명칭은 '천주교 순교자묘'(天主敎殉敎者墓)이며 유항검 일가, 특히 동정부부 유종철과 이순이를 추모해 조성한 산중묘역이다. 승암교 승암사 옆 광장에서 출발해 '십자가의 길', 기념 성당, 합장묘까지는 편도 30분 정도 걸린다. 길이 험하지는 않으나 꽤 가파르다. 기념 성당의 모자이크 벽면이 아주 아름다우므로 신자라면 꼭 가보길 권한다.
전라북도기념물 제68호.

[풍남문(豊南門)]
전주부성 사대문 가운데 남문으로, 서울의 남대문에 해당한다. 임진왜란 때 소실되었으나 1734년 영조에 의해 개축되었다. 1767년 화재로 다시 불탄 것을 관찰사 홍낙인이 다시 지으면서 풍남문이라 명명했다. 천주교도들의 처형장, 동학농민운동 때의 격전지로서 근현대사의 의미 있는 현장이다. 본래 3층이었으나 지금은 2층까지만 남아있다. 옹성이 있어 모양새는 남대문보다 동대문에 가까운데 무지개문이라 불리는 홍예문(虹霓門)의 아치형과 겹처마가 웅장하면서도 장식적인 데가 있다. 남부시장의 입구이면서 경기전과 전동성당을 바라보는 위치에 있어 옛 시절을 상상하며 함께 보기에 알맞다. 보물 제 308호.

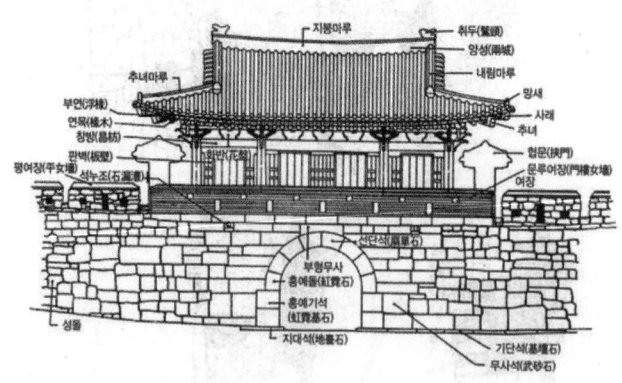

- 아울러 천주교 신자라면 또 다른 순교지인 숲정이성지(전주시 덕진구 진북1동 1034-1)를 답사해도 좋겠다. 전라북도기념물 제71호로 천주교도의 주 사형장이었다. 한옥마을(전동성당) 정류장에서 시청 방면으로 119번 버스를 타면 되지만 들르는 곳이 많아 시간이 오래 걸린다. 택시를 타는 것을 권한다. 차로 약 10~15분 정도.

- 교통 및 식당, 숙박 정보는 경기전 편과 같으니 그 부분을 참고하면 된다.

15 최명희문학관과 혼불공원

동백꽃, 지다

1. 공포의 자주색

며칠 전에도 역시 밤을 가득 새운 끝에 겨우 마무리한 글을 묶어들고 급히 택시를 탔는데 기사는 아주 젊은 사람이었다… 그에게 행선지를 말하고는 아무래도 한 번 더 원고를 읽어보는 것이 좋겠다 싶어 나는 부스럭부스럭 서류봉투 속에서 원고지 뭉치를 꺼냈다.

    만년필까지 들고 원고지를 한 장 한 장 넘기는 뒷좌석의 여자 손님이 신기했던지 힐끗 돌아보던 그가 못 참겠다는 듯 "아줌마" 하고 불렀다. 나는 엉겁결에 고개를 들었다. "글 써요?" 왠지 무안해서 그냥 미소만 짓고 다시 눈을 떨구는데 그가 또 불렀다. "아줌마." 이번에는 좀 단호한 어조다. "예?" "소설 써요?" 아마 내 손에 들려 있는 백여 장의 원고지가 두꺼워 보였는가 보다. 굳이 아니라고 할 것도 없어서 대답을 하자 그가 아예 고개를 이쪽으로 돌리더니 찬찬히 훑어보았다. 그는 호기심이 많은 청년인 모양이었다.
　　제자리로 돌아앉은 그가 드디어 세 번째로 나를 불렀다. 미심쩍으면서도 궁금해 무엇인가 확인을 하려는 듯한 음성이었다.
"아줌마." 그리고는 잠시 침묵했다.
　　"메이커… 있는 작가예요?" 느닷없는 그의 질문에 나는 너무나 깜짝 놀라 무어라고 더 말을 잇지 못한 채 당황했지만 이윽고 웃음을 터뜨리고 말았다.
　　　　　　　　-1995. 2. 11. 〈경향신문〉에 실린 최명희의 칼럼 중에서

　　여고생 때 별명이 '공포의 자주색'이던 한 소녀가 있었다. 도내 백일장이 열리면 다른 이들을 제치고 자주색 치마를 나풀거리며 늘 시상대에 올랐던 그녀. 그녀가 장원(壯元, 대상에 해당)을 받는 게 아니라, 장원이 그녀를 불러내는 것 같았다는 전설. 글쓰기 대회가 있을 때마다 전주의 문학청년들은 자주색 교복이 참가했나 아닌가를 맨 먼저 살폈다고 한다. 길에서 자주색 교복을 입은 여고생을 지나치면 뒤에서 그녀의 이름을 소곤댔다는 풍문. 이름은 헛되이 전해지지 않는 법(名不虛傳). 최명희, 그녀의 문재는 일찍부터 빛을 발했다.
　　하지만 어려운 가정 형편은 그녀의 작가적 운명을 시험한다. 중학교 때부터 집안에 먹구름을 드리운 가난은, 최명희가 여고를 졸업할 무렵 투병 중의 부친이 끝내 운명하면서 무거운 족쇄가 된다. 그녀는 진학을 포기하고 소녀가장으로 가족을 부양한다. 재능이 소진될까 걱정했던 선배와 친구들이 어떻게든 함께 문학을 공부해 나가자고 간청했으나 그녀는 "일해야 해요"라며 담담히

거절했다고 한다. 막 교복을 벗은 어린 처녀는 그 후로 2년간 제 꿈을 유예한 채 돈 벌고 동생들을 돌보는 데만 전념했다. 밝을 명(明), 계집 희(姬)자를 쓰는 그녀의 삶이 실상은 가장 어두웠을 때다.

 그래도 글쓰기를 포기할 수 없었던 그녀는 야간대학을 거쳐 전북대 국어국문학과에 편입한다. 아르바이트로 점철된 생활을 이어가면서 어렵게 대학을 졸업하고는 모교인 기전여고에서 국어교사로 사회인의 첫 발을 내딛는다. 집안을 보살피면서도 책을 읽고 글도 쓸 수 있는 유일한 방편. 최명희는 교사란 직업을 그렇게 여겼다고 한다. 무뚝뚝하고 웃음이 적은 엄격한 직업인이었으나 국어수업 시간만큼은 한없이 다정하고 감성적인 선생님이었다고 제자들은 추억한다. 갑작스레 눈 내리는 날이면, 수업을 제치고 최백호의 노래 "내 마음 갈 곳을 잃어"를 부르거나 진도와 상관없이 한 시간 내내 오직 시만 가르칠 때도 있었다고.

서른넷의 나이, 교사 생활 9년차에 그녀는 신춘문예에 『쓰러지는 빛』이 당선되면서 드디어 문단에 데뷔한다. 생활고에 대한 걱정이 컸지만 그녀는 소설에 열중하기 위해 학교를 그만두면서까지 한 소설에만 매달린다. 그 소설이 모 신문사의 초대형 장편 공모에 당선작으로 걸리면서 세상이 떠들썩해진다. 『혼불』. 향후 대하소설로 확장되는 기나긴 작업의 시작이었다. 그때 받은 상금 2천만 원은 당시 서울의 아파트 한 채 값이었다고 한다.

그렇게 그녀는 문명(文名)을 얻었으나 세상은 최명희에게 일종의 메이커, 그러니까 허명(虛名)을 요구했다. '브랜드'에 의한 대량생산이 시대의 조류였던 1980년대 초, 평생 하나의 소설만 쓰고자 했던 작가에게 세상은 그리 녹록치 않았다.

2. 일필휘지를 믿지 않는 작가

"다만 저는 제 고향땅의 모국어에 의지하여 문장 하나를 세우고, 그 문장 하나에 의지하여 한 세계를 세워보려고 합니다. 한없이 고단한 길이겠지만, 이 길의 끝에 이르면, 저는, 저의 삶과, 저 자신이, 서로 깊은 지해(知解, 깨달음)를 이루기를 바랍니다."

-1988년 9월, 최명희가 김남곤 시인에게 쓴 편지 중에서

　　최명희의 장편소설 『혼불』은 일제강점기, 종갓집 며느리 3대의 삶을 바탕으로, 다채로운 사랑과 욕망이 교차하는 길고 긴 드라마다. 줄거리의 진행은 더딘 대신에 문장의 호흡이 가빠 숨차게 읽어야 하는 이야기이며, 완벽한 고증과 생생한 현장 묘사, 날것의 사투리가 어우러지면서 영화처럼 과거를 재현하는 소설이다.
　　그러나 이 소설의 진짜 주인공은 사실 세 명의 여자라기보다는 '우리말'로 그야말로 견줄 데가 없는 모국어의 보물단지라 할 수 있다. 이야기 속에서 글말이 아닌 입말이 등장인물의 대화에서 신명나게 피어나고, 그 속에서 우리 고유의 관혼상제와 전래 풍속이

오늘처럼 재현된다. 셰익스피어가 평생 사용한 어간이 4,500개인데 반해 최명희가 쓴 어간은 6,000단어라는 분석도 있을 정도로, 그녀는 우리말에 집착했다. 외국어를 전혀 사용하지 않아 수필이나 칼럼을 청탁했을 때 교정이 힘들었다는 후문이 있을 정도였다. 이 작품이 1988년부터 1995년까지 7년간 한 잡지에 연이어 실리면서 국내 월간지 사상 최장기 연재 기록을 세우기도 했다. 한 번 들기가 어렵지만 일단 읽으면 도저히 손에서 놓을 수 없는 책, 그것이 『혼불』이다.

『혼불』의 고집스럽고 끈질긴 문학 세계, 오직 우리말로 세운 정신의 지문에 대해 언론과 독자들은 작법을 궁금해했다. 그에 대한 그녀의 대답은 읽는 이를 숙연하게 만드는 데가 있다.

"나는 일필휘지를 믿지 않는다. 그래서 천필만필 마다하지 않았다. 한 문장 아니, 토씨 하나를 찍는 데도 심혈을 기울였다. 쉼표 하나가 나의 모든 것을 요구한다." "원고를 쓸 때면 손가락으로 바위를 뚫어 글씨를 새기는 것만 같은 생각이 든다. 그것은 얼마나 어리석고도 간절한 일이랴. 날렵한 끌이나 기능 좋은 쇠붙이를 가지지 못한 나는 그저 온 마음을 사무치게 갈아서 손끝에 모으고 생애를 기울여 한 마디 한 마디 파나가는 것이다."

책으로 발간된『혼불』은 더 많은 독자를 만나고, 문단에 회자되면서 대중의 사랑을 받는다. 그에 따라 다른 소설도 써보라는 기대와 요구도 많았는데, 최명희는 도무지『혼불』의 불길에서 헤어날 줄 몰랐다. 집(서울 역삼동 성보아파트)에 틀어박혀 외출하는 일도 없이, 오직 공부와 집필만으로 24시간을 보냈던 그녀를 친구들은 '성보암 최보살'이라 불렀다.

3. 언어는 정신의 지문

"말에는 정령이 붙어있다고 합니다. 그래서 말이 씨가 된다고도 하지요. 생각해보면 저는 소설이라는 이야기 속에 말의 씨를 뿌리는 사람인 것 같습니다. 그렇다면 어떤 씨를 뿌려야 할까, 그것은 항상 매혹과 고통으로 저를 사로잡고 있었습니다. 언어는

정신의 지문이고 모국어는 모국의 혼이기 때문에 저는 제가 오랜
세월 써오고 있는 소설『혼불』에다가 시대의 물살에 떠내려가는
쭉정이가 아니라 진정한 불빛 같은 알맹이를 담고 있는 말의 씨를
심고 싶었습니다."

-1998년, 최명희의 한 수상소감 중에서

그녀는 왜 그렇게『혼불』에만 집착했을까. 그러한 노력과
글 솜씨라면 다른 소설, 다른 이야기도 충분히 맵시 있게 펴나갈
수 있지 않았을까. 연애소설을 쓰거나 현대소설을 쓸 수도 있지
않았을까. 90년대, '개인의 욕망'과 포스트모더니즘이 맞물리면서
80년대를 반성도 없이 폄하하고 혼성모방과 자기복제로 소설이
한없이 가벼워지고 있을 때에도 그녀는 도무지 타협하지 않았다.
몇 개의 단편과 칼럼, 수필이 남아있긴 하지만 모두『혼불』과『혼불』
사이 잠시 쉬어간 소품이었을 뿐, 그녀는 평생『혼불』하나만 썼다고
해도 과언이 아니다. 등단 다음해인 1981년부터 1996년까지
15년간, 그녀는 정성을 다해 꼼꼼히 단일 작품에만 몰두했다.
등장인물의 행로를 묘사하기 위해 중국 심양으로 떠난 그녀가 단 한
곳의 취재를 위해 체류한 날만 해도 64일이라는 메모가 있을 정도로
치열한 글쓰기였다.

하나에만 매달리는 삶이 내적으로도 쉽지만은 않았던
모양이다. 지인의 글에는 이런 기록이 있다.

"아파트가 가까워지자 그가 갑자기 내 손을 잡고 울먹였다. "이형,
요즈음 내가 한 달에 얼마로 사는지 알아? 삼만 원이야, 삼만

원…. 동생들이 도와주겠다고 하는데 모두 거절했어. 내가 얼마나
힘든지 알아?" 고향 친구랍시고 겨우 내 손을 잡고 통곡하는
그를 달래느라 나는 그날 치른 학생들의 기말고사 시험지를 몽땅
잃어버렸다. 그리고 그날 밤 홀로 돌아오면서 생각했다. 그가
얼마나 하기 힘든 얘기를 내게 했는지를. 그러자 그만 내 가슴도
마구 미어지기 시작했다. 나는 속으로 가만히 생각했다. '혼불'은
말하자면 그 하기 힘든 얘기의 긴 부분일 것이라고."

-이시영,『은빛 호각』중에서

하기 힘든 이야기, 일신의 영화는커녕 모든 생활을 소설의

희생물로 요구한 지독한 이야기, '쓰지 않으면 얼마나 좋을까'라고
스스로 뇌까렸던 그 지독한『혼불』속에서 작가는 무엇을
형상화하고자 했던 것일까.

"사람이 죽게 되면 그 몸에서 혼불이 먼저 빠져나가고 혼불이
빠져나가면 사흘 안에는 반드시 초상이 난다고 합니다. 저는
그 이야기를 들었을 때, 그 이야기가 신화냐 미신이냐의 차원을
넘어서서 정말로 한 사람이 살아있다고 하는 것이 무엇인가…이미
불은 나가버렸는데 껍데기만 남아서 자기가 산 줄 알고 있는,
그러한 상태도 있으리란 생각을 했습니다. 저에게 아주 강렬한

의욕을 불러일으킨 것은 우리 역사 가운데서 제일 어둡고 암울했던 시절인 일제강점기에 외부로는 국권을 잃었지만 내부적으로는 아직도 우리의 전통문화를 그대로 지키며 살고 있는 한 가문을 중심으로 모든 것을 잃어버렸지만 그 잃어버린 상태에서 진정한 자기 삶을 일궈낸 사람들의 이야기를 쓰고 싶었습니다."

-1997년, 최명희의 단재상 수상소감 중에서

일제와 조선, 삶과 죽음, 남성과 여성, 빛과 어둠, 타자와 주체라는 이분법적 경계를 넘어서 빛나지 않았던 사람들, 일그러진 인물들, 그래도 살아남은 자들의 관점에서 이미 주어진 생이 아니라 다함없이 간절하게 추구해야만 비로소 내 것이 되는 삶을 『혼불』은 은은하지만 분명하게 비춘다. 그 맹렬히 타오르는 불, 1996년 『혼불』은 만년필로 쓴 원고지 12,500매, 책 수는 총 10권(1~5부)을 채우면서 일단 한숨을 돌렸지만 그것이 『혼불』의 끝은 아니었다.

4. 동백꽃, 지다

"그리고 끝없는 좌절과 소망의 회오리 숨결들이 점점이 고을고을 새겨진 골목길들을 결코 놓치지 말라. 붙잡으라. 그 이야기와 삶의 흔적들을 지금 우리가 놓치면, 이제는 아무도 못 찾는다. 끝내 잃어버리고 마는 것이다. 어쩌면 우리는 우리의 국토와 마을과 집안마다 흘러내리는 이 숨결과 이야기를 갈피마다 주워 담아 품고 길러서, 후손들에게 물려줄 수 있는 마지막 세대인지도 모른다."

-『혼불』 3권 226쪽

『혼불』 10권이 완간된 1996년부터 1998년까지는 최명희의 상복이 두둑하던 때였다. 단재상, 세종문화상, 전북예향대상, 여성동아대상, 호암상…. 하지만 그녀는 소설이 계속된다고 밝혔다. 해방 공간 이후 6·25, 4·19, 5·16 등 가까운 현대사까지 이어져 한국사의 격동기를 그리게 될 예정임을 털어놓았고 쓰면 쓸수록 이야기가 샘솟듯 흘러나와 20권이 될지 30권이 될지 짐작을 할 수가 없다고 덧붙였다. 문단과 독자들은 『혼불』에 환호했고, 책도 쇄를 거듭했다. 사필귀정(事必歸正)이라고, 작가가 노력한 대가를 그제야 몰아서 돌려받는 것처럼 보였다. 삶과 글이 모두 높이 평가받은, 드물었던 그녀의 행복한 시절이었다.

그러나 인생은 뜻대로 되지 않는 법이다. 최명희는 이미 병중에 있었다. 난소암. 그녀는 병을 숨기고서 치료를 미루며 계속 『혼불』을 썼다. 그녀의 '목숨 불'은 끝내 '혼불'을 따라잡지 못했다. 한 번도 놓지 않았던 만년필은 병상에 누운 이후 다시 쥐어보지 못했다. 1998년 12월 11일. 향년 51세. 영면(永眠).

한옥마을 내 최명희문학관의 전시실(독락재)에 들어서면 맨 먼저 방문자를 반기는 것은 키만큼 쌓아올린 원고지다. 평생 쓴 것의 3분의 1 정도 된다는 그녀의 엄청난 원고 더미. 나는 그것이 최명희의 마땅한 묘비라고 생각했다. 작가의 묘비란 그가 쓴 글 외에는 다른 것일 수 없다고. 언어가 정신의 지문이듯, 원고야말로 소설가의 비문을 대신하는 것이라고.

작가가 남긴 소재록에는 앞으로 써야 할 글감들이 무려 130여 가지나 남아있었다고 한다. 유언을 묻는 가족의 물음에 그녀는 "혼불 하나면 됩니다. 아름다운 세상, 잘 살고 갑니다"는 간곡한 인사를 남겼다.

『혼불』은 그동안 1990년 겨울 한길사에서 1·2부가 출간된 이래 총 5부 전 10권, 미완이지만 일단락된 대하소설이다. 지금까지 150만 부가 팔려나갔다. 전문가 100인이 선정한 '1990년대 최고의 책'으로 꼽혔고 옥관문화훈장도 받았다. '혼불기념사업회', '혼불문학상', '혼불 같이 읽기 모임'이 생겼고 '혼불 다시 읽기' 운동이 전국에서 벌어지기도 했다. 그녀의 묘역은 혼불문학공원이 되었고, 2004년에는 『혼불』의 주 무대인 남원에

'혼불문학관'이 건립되었다. 2006년 그녀의 생가터가 있는 전주에는
'최명희문학관'이 문을 열었다.

온 겨울을 견디면서, 제 푸른 잎조차 꺼먹꺼먹해지는 동백나무.
눈과 서리 내려 다른 생명들이 오직 숨죽여 동면하는 동안에도
마침내 붉은 꽃잎 활짝 펼쳐내고는 꽃대궁 뚝 떨구며 일생을
마감하는 숙연한 동백꽃처럼 그녀의 삶은 혹한의 한 시절을 온전히
감당하고서 한순간에 붉게 져버렸다. 전주를 일컬어 그녀는 '꽃심을
지닌 땅'이라고 말했다. '세월이 지날수록 깊은 맛이 나는 곳'이라고.
그 절절한 흔적이 남아있는 전주시 완산구 풍남동, 경기전 동문
옆의 '최명희문학관'은 전주에서 빼놓을 수 없는 곳이다.

"작전이 필요할 때 작전을 세우면 이미 너무 늦다. 꽃이 필요한
순간에 꽃씨를 뿌리는 것과도 같은 이치다. 꿈을 가진 사람은
훗날을 도모하기 위하여 땅속에 미리 씨앗들을, 버리듯이
묻어놓아야 한다."

그녀가 묻은 씨앗, 죽은 이후에도 오히려 더 맹렬하게
퍼져나가는 불씨는 물론 『혼불』일 것이다. 모국어로 불사른 그
뜨거운 신열의 생애, 그녀에게 끝으로 송재학의 시 한 편을 바친다.

백련사 동백숲 근처는 인가가 보이지 않는다
이월이면 사람의 병이 옮겨 가는 동백나무에는 매듭이 없다
그 나무의 여성성은 잘려진 분지를 둥글게 감싼다

어떤 흉터라도 희고 부드러운 껍질로 감싸 버리는
동백의 잎은 범종의 공명으로 두터워졌다
번개도 그 나무의 속을 엿볼 수 없다
혹한만이 그 나무를 서서히 열어 보인다
동백이 피운 꽃이란 동백이 스스로 불켠 창의 넓이
붉은색의 극점까지 가서 꽃잎으로 흰 눈의 숨은 핏빛을 비교하는
붉은색이란 그때 떠도는 넋에 가깝다
엎드린 꼽추처럼 병을 집어삼킨 둥근 혹을 달고 동백은
다시 움츠린 몸으로 제 신열의 암자를 세운다

-"동백나무는 흉터를 남기지 않는다" 詩 전문

[최명희문학관]
전주 최초의 문학관으로 전주시 완산구 풍남동 3가 67-5에 있으며, 경기전 동문 길에서부터 문학관 후문 사이의 길인 '최명희길'의 한복판에 있다. 멀지 않은 곳에 그녀의 생가터도 있으니 아울러보면 정취가 더할 것이다. 전시실인 독락재와 세미나실인 비시동락지실이 있는데, 전시실에서는 그녀의 육필 원고지, 편지들, 각종 유품, 책에서 길어낸 형형한 문장들을 만나볼 수 있다. 여러 체험 코너도 마련되어 있는데, 그중 '1년 뒤에 받는 나에게 쓰는 편지'가 인기 있다. 준비된 편지지에 내용을 쓰면 그해 12월에 발송해 준다. 매주 월요일과 신정, 구정, 추석 휴무. 오전 10시부터 18시까지 개관. 입장료는 무료. 전화번호는 063-284-0570, 홈페이지는 http://www.jjhee.com.

[혼불문학공원]
전라북도 전주시 덕진구 덕진동 1가에 자리 잡고 있으며, 최명희 선생의 묘역과 함께 편안한 산책길이 되도록 나무와 벤치, 안내문을 요소요소에 배치했다. 입장료는 없으며 연중무휴 24시간 개방된다.

한옥마을(전동성당) 정류장에서 버스 165번을 타면 30분 안에 도착한다. 연화마을 정류장에서 내리면 된다. 참고로 『혼불』의 배경지인 남원에도 '남원 혼불문학관'이 있다. 주소는 전라북도 남원시 사매면 노봉리 522번지.

- 최명희문학관의 교통 및 식당, 숙박 정보는 경기전 편과 같으니 그 부분을 참고하고, 또한 혼불문학공원의 식당 및 숙박 정보는 전주동물원 편을 살펴보는 게 좋겠다.

16 한옥마을

그 집 앞

　기억하시는가요. 그날 우리가 만나기로 한 곳은 성심여고 정문 삼거리에 자리한 '인생부동산' 앞이었습니다. 뒷집의 이팝나무가 가지마다 뭉게뭉게 쌀밥처럼 수북한 꽃판을 터뜨리고 있던 5월의 어느 오후였더랬지요. 저는 조금 일찍 도착해서, 여고 앞의 떡볶이집과 문방구와 카페들을 느긋이 구경하고 있었습니다. 전주천 쪽에서 불어온 바람이 담장을 따라 골목을 쓸어오다가 떨어진 이팝나무 꽃잎들을 띄워 책방 유리창에 리본처럼 붙이던 장면을 기억합니다. 네, 그랬네요. 당신을 기다리던 일은 그때에도 그저 알싸한 행복이었지요.
　당신은 더웠던지 얇은 카디건을 팔에 두른 채, 민소매 긴 원피스 차림으로 약속 장소에 나타났습니다. 오느라 고생하셨죠. 뭘요. 그런데 해가 무척 뜨겁네요. 가볍게 인사를 마친 우리는 가벼운 호기심으로 복덕방인지 담배가게인지 철학관인지 정체를 알 수 없는 '인생부동산'의 낡고 비좁은 가게 안쪽을 잠시

넘겨다보았습니다. 인생은 쉬 옮기거나 처분해 버릴 수 있는 동산(動産)이 아니라 한자리에 뿌리박혀 세월을 훈장처럼 제 몸에 새기는 오래된 고향의 옛집 같은 것일까요, 라고 당신이 건넸던 말이 생각나는군요. 그곳의 이름난 초대형 분식집으로 몰려가는 자동차들로 차도가 꽉 막히던 점심 무렵이었습니다.

    성심여중 앞 돈까스와 소바를 잘하는 식당, '진까'에서 식사를 한 뒤 우리는 걸었더랬지요. 바게트 샌드위치로 유명한 '길거리아'를 지나 경기전 담장과 중앙초등학교 담장 사이를, 야채카레밥 전문인 '상덕카레'와 유머와 풍자가 살아있는 그림들을 선보이는

 '님바래기공방'을 거쳐, 경기전 동문 바로 앞, 'Story' 카페에서 차를 마셨습니다.
 그 카페의 2층은 경기전의 뒤뜰이 훤히 내다보이는 곳이죠. 우리는 잠시 이런저런 얘기를 나누다 간혹 말없이, 녹음이 짙어지기 시작하는 후원의 키 큰 나무들을 바라보았습니다. 그윽한 풍경이었죠. 햇살이 사선으로 떨어질 때까지, 우리는 질리지도 않고 끊임없이 이야기를 조잘거렸습니다.
 복잡하고 현세적인 도시, 서울에서 나고 자라 전주의 고풍스런 풍광들이 그저 신기했던 저는 익산에서 나고 자라 백제적 풍경과 전북 사투리가 낯익었던 당신과 의논 끝에 전주를 첫 데이트 장소로 정했습니다. 온라인 커뮤니티에서 만나 메일만 주고받던 남녀가 공통의 취미인 영화와 책과 여행에 대해 이야기를 나누다가, 국제영화제와 한지 축제가 연이어 열리는 5월의 전주에서 만나면 좋겠다고 합의를 본 것이었죠. 전주에 놀러온 경험이 자주 있었던 당신이 선뜻 가이드를 자청해, 용산역에서 전주역까지 기차를 타고 오는 내내 저는 기대 반 설렘 반으로 가슴이 쿵쾅거렸습니다.

신기했어요. 직접 얼굴을 보는 건 처음이었는데도 전혀 어색하지 않았다는 게. 우리는 처음 만났지만 오래된 친구처럼 스스럼없이 대화를 나눴고, 첫 데이트였지만 마치 이미 사귀고 있는 연인들같이 농담과 장난을 주고받으면서 더 가까워졌지요. 늦은 4시쯤에야, 이상할 정도로 더웠던 날씨도 식었을 테니 못다 한 마을 산책을 계속하자며 카페를 나왔습니다. 그냥 걸음이 닿는 대로 기분에 따라 길목을 누벼보자고 마음을 맞췄지요.

옛날 백양 메리야스 공장이었다는 교동아트스튜디오에서 낡고 녹슨 재봉틀을 구경하기도 하고, 600년 한자리를 지킨 은행나무 그늘에서 잠시 걸음을 쉬었다가 전통 술박물관에 들러 강사가 막걸리를 직접 발효시켜 만드는 신기한 광경을 훔쳐보기도 했습니다. 오목대 언덕을 넘어 계단길을 따라 향교 뒤편으로 질러가다, 박물관에서 나온 것 같은 옛 가게 '현대슈퍼마켙'에서 아이스바를 사서는 한 입씩 베어 물기도 했습니다. 동헌과 완판본 문학관을 지나 전주천을 따라 물길을 거슬러 갔을 때, 한벽루 바로 밑 물가에는 손주를 데리고 온 할머니 한 분이 머리에 수건을 쓰고는 고둥을 줍고 있었습니다. 한쪽에 제쳐둔 작은 채반에는 손톱만한 다슬기가 가득했지요. 와, 많이 잡으셨네요. 제가 말씀을 붙였을 때 할머니께서는, 여기 물이 얼매나 맑은디 거시기 수달도 산다 말이여잉, 하며 대꾸해 주셨습니다.

    큼지막한 돌계단 차곡차곡 쌓인 벼랑 위로 흰 편액과 붉은 기둥이 아찔하게 맞물린 산수화 속 정자 같은 한벽루가 그 뾰족한 팔작지붕을 기점으로 붉은 저녁 빛을 사방으로 흩뜨릴 때, 저는 당신에게 밥을 먹기는 이르니까 맥주 한 잔 하자고 청했습니다. 길을 되짚어 유림회관 옆 홍살문 근처의 천변휴게실에서, 아무렇게나 내버려둔 듯한 간이 탁자와 플라스틱 의자에 앉아 주인 아줌마가 내주는 얼음 병맥주 두 병을 강냉이를 안주 삼아 마셨지요. 강아지 한 마리가 자기한테도 뭘 좀 달라고 껑껑거리는 가운데 아래로는 전추천이 부드러운 곡선을 그리고 있었고, 이제 어두워졌는데도 천변에는 그네 타는 사람들이 있었습니다. 당신을 한 번 바라보고 잔을 기울여 목을 적신 후 아무 일 없는 듯이 강을 한 번 둘러보는 그 행복. 그 자리에 앉아있던 내 자신마저 낯설게 만드는 그 거짓말 같은 충만함에 대해 그 후 나는 얼마나 많이 곱씹고 또 곱씹었는지요.

    취하면 안 된다며 추가 주문을 하려던 나를 만류하고 당신은 이 동네에서 아주 잘하는 고깃집이 있다며 처음 만난 기념으로 자기가 사겠다면서 중앙숯불에 가자고 저를 이끌었지요. 한우만 취급하는 이름난 소고기 전문식당으로 광우병, 구제역 난리가 났을 때에도 손님이 줄어든 바 없다는 그 집까지는 꽤 멀었습니다. 향교를 거쳐 전동쌀집 근처를 지날 때 별안간 정수리에 차가운 기운이 느껴졌어요. 한두 점씩 빗방울이 떨어지고 있었습니다.

걸음을 빨리하는데, 빗방울은 금방 소나기로 변하더니 투두둑에서 쏴아와로 변하며 기운차게 쏟아졌지요. 우리는 골목 구석의 조그만 한옥집 작은 처마 밑에 뛰어들어 비가 그치기를 기다렸습니다.

    빗줄기는 한참 동안 계속됐습니다. 저는 제 가방을 우산 대신 우리의 머리 위로 들고서는 기와 사이사이 떨어지는 빗줄기가 불규칙한 효과음을 내며 바닥에 왕관 모양의 낙수 자국을 만드는 풍경을 잠시 굽어보았습니다. 그리고 내 단화와 당신의 구두, 오종종한 두 켤레가 같은 방향을 향하고 있는 온화한 정취에 잠시 취해있었죠.

그때, 제 왼쪽 뺨이 별안간 서늘해졌습니다. 예고도 없이 당신의
입술이 와 닿은 거였죠. 일순간 저는 감전된 듯 깜짝 놀랐고, 그
다음에는 얼굴을 돌려 당신을 바라보고는 수줍게 눈웃음 짓고
있는 당신의 얼굴을 끌어당겨 제 입술을 당신 입술에 포갰습니다.
빗속에서 가로등 한 개가 깜빡깜빡 켜졌다 꺼지기를 느리게
반복하면서 우리를 엷은 어둠으로 감싸주었습니다.

    후일담을 쓰는 것은 사랑을 추억하는 일일까요, 자신을
괴롭히는 일일까요. 그 뒤로도 우리는 전주에서 여러 번 만났고,
당신이 젊은 날을 보냈던 익산과 모교에 가보기도 했습니다. 또
당신이 서울로 올라와 저를 따라 이곳저곳을 다니기도 했지요.
당신의 차 사고가 나기 전까지 그랬습니다. 동네에서 아버지 차를
몰다 가벼운 상해 교통사고를 일으켰다는 당신은 제게 전화를 걸어
걱정하지 말라고 했지요. 저도 걱정하지 않았습니다.

    그러나 피해자가 병원에서도 진단할 수 없는 후유증이
계속되고 입원이 길어지면서, 간단히 조서 쓰고 끝났어야 할
일이 재판까지 이어지게 되었습니다. 일부러 그런 것도 아니고
뺑소니도 아니었는데, 재판 결과는 믿을 수 없게도 엄청난
배상금과 6개월 실형이었지요. 집행유예도 아닌 6개월 실형은
담당 판사가 피해자와 학교 동기여서 벌어진 것이라고 누군가가
쑥덕거렸습니다. 재판 전날까지 저와 통화했던 당신은 바로 법정
구속되고 교도소로 이송되었습니다. 연락이 끊어지면서 이유를
알 수 없던 저도 수소문 끝에 상황을 파악해 당신이 있던 교도소에
면회를 신청했지요. 그러나 불가. 담당 교도관은 재소자가 거절해
면회를 할 수 없다고 알려왔습니다. 그 뒤로도 몇 번, 같은 일이

반복되었죠.

　반년의 수감과 출소 후에도 당신은 연락이 닿지 않았습니다. 보낸 메일은 수신이 확인됐는데 도무지 답장은 없고, 늘 쓰던 당신의 휴대폰 번호는 없는 번호가 되었지요. 나중에 알고 보니 당신은 아주 길고 긴 우울의 늪에 빠져 있었습니다. 예상하지 못했던 수감 생활과 거기서 겪어야만 했던 고초. 당신 가족은 집까지 옮겨가며 지역 소문으로부터 당신을 보호하고 안정을 되찾고자 했지만, 갑작스레 닥쳐온 불행은 당신의 삶과 가족을 크게 흔들어 놓았던 듯합니다.

　몇 년 후, 저는 당신의 메일을 한 통 받았지요. 처음 보는 발신주소와 전혀 다른 이름으로 보내진. 그것은 당신의 짧은 근황과 결혼 예정을 알리는 편지였지요. 그 일을 겪고 난 후 다른 사람으로 살고자 했고, 그래서 이름도 바꾸었으며 그 전의 나를 아는 모든 사람을 피하며 살아왔다고. 그래도 그 와중에도 좋은 사람을 만나 새로 출발하기로 했다고. 결혼식에 와 달라는 건 아니니 그저 축복해 달라고. 당신의 축복을 받고 싶다고.

　편지 맨 끝에는 고마웠어요. 고마워요. 앞으로도 두고두고 고마울 거에요,라고 적혀 있었습니다. 가진 걸 다 줘도 모자라 아쉬움이 남았던 사람이라고.

　저는 그 편지를 받은 다음날, 회사에 휴가를 내고 전주에 내려가 우리가 함께 걸었던 전주의 모든 곳을 다시 밟아보았습니다. 천변휴게실에서 병맥주를 시켜서는 벌컥벌컥 안주도 없이 들이마셨습니다. 해가 여러 번 바뀌었는데도 전주의 그 골목들은 여전히 아늑하고 푸근하더군요. 그 푸근함과 아늑함이 저를 얼마나

힘들고 외롭게 만들었는지, 아무도 모를 겁니다.

그 다음 해, 저는 전주의 한 NGO에 지원했고 다행히 결과가 좋아 자리를 얻었습니다. 출근이 예정보다 앞당겨지면서 저는 살 집을 빨리 구해야 했지요. 동료들은 근무처와 가까운 아파트나 원룸을 권했지만 저는 원하는 집이 따로 있었습니다.

한옥마을의 부동산을 뒤졌고, 물어물어 한 동네의 이장님을 찾아 제가 살고 싶은 집의 주인을 만날 수 있었습니다. 오래된 작은 한옥집, 그 집의 주인인 60대 어르신은 이 집에서 40년을 살아왔다며 집을 팔 생각이 없다고 말했습니다. 저는 그래도 혹시나 마음이 바뀌시면 제일 먼저 연락을 달라며 값을 후하게 매겨드리겠다고 하면서 제 연락처를 전했습니다. 그분은 물으시더군요. 다른 한옥도 많고, 번듯한 집도 부지기순데 왜 꼭 내 집을 원하는지. 저는 대답했습니다. 잊을 수가 없어서요. 그는 납득이 안 되는 표정이었습니다. 뭘 말이우? 저는 되풀이해서 말했습니다. 아무것도 잊을 수가 없어서요. 잊히지가 않아서⋯. 그는 고개를 갸우뚱했지만 어쨌든 팔게 되면 꼭 연락해 주겠다고 약속한 뒤 저를 돌려보냈습니다. 결국 저는 다른 방을 얻을 수밖에 없었지요.

네, 저는 거기 살고 싶었습니다. 좁은 처마 밑에 딱 둘만 서 있을 수 있는 집, 비가 내리면 낙숫물 구멍이 음악 소리를 내는 집, 건너편 가로등이 가끔 깜빡이는 그 집 말입니다. 인생은 동산이 아니라 부동산(不動産)이니까요.

당신은 지금 행복합니다. 새로운 삶을 찾았고, 새로운 가족을 얻었으며, 다른 새로운 나날을 보내고 있지요. 잘 압니다. 저도 제 삶을 찾아야 한다는 것을, 과거는 돌아오지 않는다는 것을, 추억에 집착하는 것은 바보 같은 일이라는 것을. 행복은 지나간 것에서 찾는 게 아니라 현재에서 느껴야 한다는 것을, 다 끝났다는 것을.

한옥마을, 하나도 똑같은 집이 없고 낮은 담장과 어깨를 맞붙인 처마로 그늘이 아늑한 자리, 차가 들어올 수 없는 좁은 고샅을 품어 사람이 주인인 동네. 하늘을 마당의 지붕으로 끌어들인 수많은 가옥들. 여기저기 아이들이 뛰어다니면서 저절로 이웃이고 친구이며 공동체가 되는 하나의 숲 같은 길목.

저 같은 평범한 사람들이, 지금도 끝없이 이야기를 만들어내고 있을 전주의 아리따운 한 동네. 언젠가 그 누군가와 꼭 한 번 살아보고 싶은 그곳을 다시 생각합니다. 그. 집. 앞.

[전주 한옥마을, hanok.jeonju.go.kr]
전주시 완산구 교동(校洞)·풍남동(豊南洞) 일대 76,320평에 700여 채의 한옥이 밀집된 고풍스런 동네를 가리킨다. 전주 한옥마을은 1910년대 일제가 성곽을 헐고 도로를 뚫은 뒤 일본 상인들이 일본가옥 촌락을 형성하며 상권을 침범해 들어오자 이에 대한 반발로 자연스럽게 형성된 동네다. 이후 전동성당, 근대학교, 적산가옥(敵産家屋, 적의 재산인 집이란 뜻으로 옛 일본식 주택을 가리킨다) 등이 어우러지면서 독특한 풍경을 가지게 되었다. 현재 1,000여 가구, 2,300여 명의 인구가 거주하고 있으며 총 708동의 건물 중에 한옥이 543개이고 비한옥이 165개이다. 그중에는 2층 한옥이나 콘크리트 한옥, 지하까지 갖춘 한옥 등 다양한 한옥이 상존한다. 최근 100년간 도시형 한옥 양식의 변천사를 엿볼 수 있는 근대 건축의 보물창고다. 이러한 한옥 보존지구로는 이곳 외에 서울의 북촌마을이 대표적이다.

이 부근의 가장 높은 곳인 오목대에 올라 굽어보면 근현대 빌딩과 일본식 가옥, 성당과 경기전까지 어울리는 한옥마을의 진경산수를 만끽할 수 있는데, 설경과 해거름 풍경이 특히 아름다우니 놓치지 말라고 권하고 싶다.

전주 한옥마을은 또한 한옥집과 그 좁은 골목(고샅)들이 풍기는 정취를 느껴보는 이외에도 여러 전통 문화시설을 갖추고 있어 다양한 감상과 체험이 가능하다는 장점이 있다. 하룻밤 묵으며 민속놀이, 복주머니 만들기 등 여러 전통체험 프로그램에 참여할 수 있는 한옥생활체험관(063-287-6300 www.jjhanok.com)과 백범 김구 선생이 묵었던 학인당(063-284-9929 from1908.kr), 가람 이병기 시인이 기거했던 양사재(063-282-4959 www.jeonjutour.co.kr), 조선의 마지막 황손이 지금도 머물고 있는 승광재(063-283-0071 www.royalcity.or.kr) 등 전통 한옥 숙박이 가능한 곳들이 여럿이며, 술의 이모저모를 알려주고 술 빚기 체험으로 각광 받고 있는 전통술박물관(063-287-6305 urisul.net), 흥이 넘치는 판소리 공연이 펼쳐지는 소리문화관(063-283-9227 sori.jjcf.or.kr), 국악공연을 감상할 수 있는 전통문화관(063-280-7000 www.jt.or.kr), 옛 인쇄 문화와 책들을 살펴볼 수 있는 완판본문화관(063-231-2212 www.jjcf.or.kr/main/wan), 전주의 한지와 공예품 등을 구경하고 체험해 볼 수 있는 공예품전시관(063-285-0002 www.omokdae.com)도 꼭 들러볼 만하다. 경기전과 공예품전시관 앞의 관광안내소(063-282-1330)에서 전주 지도를 무료로 배포하므로 그것을 이용해 골목길을 누비면서 끌리는 곳을 찾아다니면 훌륭한 문화 산책이 된다.

한옥마을 정기투어는 공예품 전시관 앞 관광안내소에서 매일 시작하며, 참가비는 무료로 해설가가 동행하는 수준 높은 관광안내가 이루어진다. 소요 시간은 1시간으로 가급적 참여를 권한다. 교육 효과가 높으므로 아이가 있는 가족 단위에게 특히 인기를 끌고 있다.

한옥마을 정기투어 코스

- 1코스(수·금 오후 2시 / 토 오후 1시 / 일 오전 10시, 오후 3시)

한옥마을 관광안내소 출발 → 술박물관 → 지담길(공예공방촌 지담) → 한옥생활체험관 → 600년 은행나무 → 최명희문학관 → 전동성당 →

한옥마을 관광안내소

- 2코스 (월·화·목 오후 2시 / 토 오전 10시, 오후 3시 / 일 오후 1시)
한옥마을 관광안내소 출발 → 오목대 → 양사재 → 장현식 고택, 동헌 → 전주향교 → 한벽루 → 남천교 → 강암서예관 → 공예품전시관 → 한옥마을 관광안내소

- 한옥마을은 전동성당에 경기전까지 모여있는 전주 최고의 여행지로 각종 유명한 식당들이 많다. 전주비빔밥으로 미슐랭 가이드 한국판에 실린 '한국집'(063-284-2224), 경기전 담장길에 자리한 국수카페 '이오스'(063-283-1949), 기형도 시인과 관련 있는 전주천변의 칼국수·팥죽집 '남천마루'(063-282-3330), 전주 콩나물국밥의 1번지 '왱이집'(063-287-6980)과 남부시장의 '조점례 남문피순대'(063-232-5006)가 유명하며, 옛날 방식 그대로 만드는 팥빙수로 이름난 카페 '외할머니솜씨'(063-232-5804)도 좋다. 그 밖의 식당, 주점 정보는 경기전 편 참고.

- 한옥마을 골목골목에는 아주 오래된 명소들이 많아 발길을 멈추게 한다. 전통문화센터 맞은편 한벽교에 숨어있는 아름다운 누각 한벽루, 전주최씨 종대 옆의 600년 은행나무, 옛 BYC 건물 일부를 리모델링해 미술관으로 사용하는 교동아트센터와 교동아트스튜디오(063-287-1245), 부채의 역사와 진면목을 자랑하는 부채문화관(063-231-1774, fan.jjcf.or.kr) 송성용 선생의 서권기와 문자향을 감상할

수 있는 강암서예관(063-285-7442), 그 밖에도 동헌과
전주향교, 최명희문학관 등이 있으니 취향을 쫓아 두루 둘러볼
만하다. 또 옛 간판을 그대로 걸고 있는 전주향교 못 미쳐
자리한 현대슈퍼마켙, 전주천을 바라보며 맥주를 마실 수 있는
천변휴게실(063-286-0117), 한옥마을 중앙 사거리에 자리한
주점으로 주인장이 흥이 나면 '소리'를 신명나게 불러주는
딱좋아휴게실(063-232-8804)도 명물이다.

- 전주역이나 버스터미널에서 한옥마을(전동성당) 정류장까지는
  택시로 10여 분, 버스로는 20분 정도 걸린다. 5-1번, 79번 버스가
  15~25분 간격으로 다닌다.

- 이곳에서 걸어서 5분이면 동문길, 또 5분이면 남부시장(풍남문),
  20분이면 전주국제영화제가 펼쳐지는 영화의 거리에 닿을 수 있다.

- 숙소는 앞서 언급한 한옥 숙박처와 전주의 최고급 호텔인
  리베라호텔(063-232-7000, http://www.core-riviera.co.kr)이
  있다. 약간 저렴한 일반 숙소를 원한다면 영화의 거리 쪽
  숙박(한성호텔 063-288-0014 www.hotelhansung.kr,
  시네마모텔 063-283-6111)을 이용하면 된다.

17 영화의 거리

100퍼센트의 여자아이를 만나는 거리

    100퍼센트의 여자아이를 만날 것 같은 날이 있다. 아침에 눈을 떴을 때 이상할 정도로 뺨이 붉고 가슴이 심하게 쿵쾅거리는 날, 4월 치고는 기온이 너무 뜨겁다 싶은 4월의 어느 해맑은 아침에.
    그런 날이면 말쑥하게 옷을 챙겨 입고는 이 거리로 나와야 한다. 보이지 않게 당신의 손목에 매여있는 한 줄의 실이 마침내 누군가의 손목에 이어져 있다는 걸 발견하는 날이니까. 그냥 마실 나온 사람이구나, 뭐 사러 나온 참이구나 헷갈리지 않도록 아주 신경 써서 머리카락도 깔끔하게 매만지고는.
    시청 입구의 오거리 광장에 들어설 때부터 거리는 인파로 가득 차 있을 것이다. 세련된 여자아이도 여럿 눈에 띄고, 그중에는 깜짝 놀랄 만큼 예쁜 여자아이도 있을 것이다. 사람들 중에는 입을 뿌루퉁하게 내미는 털털한 여자아이도 있을 것이다. 하지만 거기에 눈을 뺏기면 안 된다. 당신은 가장 예쁘거나 재미있는 여자아이를 찾으러 온 게 아니라 100퍼센트의 여자아이, 세상에 딱 하나뿐인 그녀를 만나러 온 것이니까.

오거리 광장(JIFF 광장)에선 이미 영화제 측의 공연이 시작되고 있을 것이다. 그렇지 않더라도 오거리 광장 옆, 옛 농협 건물 앞 공무원연금 매장 자리(Jiff 스페이스)에서는 분명히 음악이 들려오고 있을 것이다. 이름만 대면 알 만한 유명 밴드들이 콘서트를 준비하고 있을 테니. 광장과 거리를 가득 메운 군중은 그런 이벤트를 찾아온 것이니까. 당신도 훌쩍 둘러보면 좋겠다. 마음을 끄는 노래가 울려 퍼진다면 잠깐 앉아서 주위를 살펴보아도 괜찮으리라. 분명 100퍼센트의 여자아이는 당신이 좋아하는 노래에 마찬가지로 공명하고 있을 것이니.

그러나 아니라면 공연장에서 벗어나 그 거리로 들어서라. 메가박스 앞 즉석 무대에서 펼쳐지는 댄스파티나 행위예술에 잠시 눈을 빼앗겨도 좋다. 왼쪽 손목이 별안간 뜨거워지는 특별한 느낌이 없다면 그대로 직진하라. CGV 앞 대형주차창 자리(JIFF 라운지)에서 감독 또는 배우들의 인터뷰를 보고 있거나 가게에서 기념품을 고르는 사람들 중에도 혹시 그녀가 있는지를 둘러보아라. 약간 피곤하다면 그곳 1, 2층에 마련된 라운지에서 잠시 쉬어도 좋다.

뭔가 이상하다고? 보이지는 않는데 미약하지만 분명히 왼쪽 손목이 조금씩 시큰거리면서 뜨거워지고 있는 게 분명하다고? 그렇다면 멀지 않은 곳, 가까이에 그 여자아이가 나타난 것이다.

메가박스에서 CGV, 전주시네마 타운을 잇는 일직선 길은 영화제가 가장 정성을 많이 쏟는 축제 공간이다. 페스케이드(fescade)라고 해서 축제(festival)와 아케이드(arcade)를 합한 말로, 길을 따라 이런저런 놀 거리와 장식물들을 아기자기하게

배치한 공간이다. 점포들 사이의 평범한 벽, 주차장의 철판 칸막이, 또 거리 곳곳에는 독특한 색깔과 모양의 입체 조형물들이 걸려있어 사람들의 시선을 잡아끈다. 게다가 예정에 없는 즉석 공연인 버스킹이 열리고, 거리 예술가들이 세심하게 빚어낸 제 공예품을 내놓으면서 이 거리는 몽환 속 장소가 된다. 깜찍하면서도 환상적이고 상큼하면서도 정교한 아름다움이 깃들어있다. 아, 그런데 손목이 다시 멀쩡해졌다고? 다시 그녀가 멀리 간 모양이다. 이 근처가 아니라면 디지털독립영화관(지프떼끄)에서 상영작을 보는 것일 수도.

　　전주시네마타운에서 옛 프리머스 극장 자리를 지나면 곧 전주디지털독립영화관이다. 상영관이 있는 4층에 다다랐을 때 확실히 손목에 신호가 있었다고? 진정하라. 그러나 지금은 이미 상영이 시작되었을 터. 다른 영화제도 마찬가지지만 전주국제영화제 역시 일단 상영이 시작되면 그 누구도 영화관에 뒤늦게 입장할 수 없다. 다른 이들의 편안한 관람을 위한 예의인 것이다. 그러니 잠깐 술렁이는 심장을 가라앉히고 숨을 돌려보길 바란다. 100퍼센트의 여자아이는 극장 안에 있다. 영화가 끝나기를 기다리기만 하면 된다. 도무지 진정이 되지 않는다고? 그럴 법도 하다. 어차피 종영 시간은 정해져 있으니 잠시 바람을 쐬면서 마음을 다잡아라.

　　디지털독립영화관을 나와 찻길 쪽으로 가다가 찻길을 앞에 두고 왼쪽으로 꺾어 5분만 걸어가면 객사(客舍)가 나온다. 고려와 조선시대, 왕명으로 사신이 머물던 곳이다. 그 드넓은 툇마루에 앉아 그녀를 만나면 맨 먼저 어떻게 인사할 것인지를 생각하라.

사는 동안 딱 한 번밖에 없는 조우, 잘못되어 헤어지면 다시는 이루어질 수 없는 만남, 이 엄숙하고 정중한 공간에서 그녀를 만나기에 앞서 자신을 가다듬는 것도 필요한 일이다. 수백 년 전 건물의 경내에서 빠른 속도로 질주하는 현대적 풍경을 포개보는 것 또한 갸륵한 경험이고 말이다.

　마음은 급한데 시간은 도무지 흘러가질 않는다고? 조바심이 난다고? 당연한 일이다. 잠시 생각을 딴 데 돌려보자. 50~60년 전, 이 거리의 모습을 보여주겠다. 찻길은 있었으나 자동차는 드물었고, 지금처럼 쇼핑몰도 카페도 맛집도 거의 보이지 않던 시절.

　　6·25 직후에 전주는 영화 제작의 중심지였고, 제대로 된 컬러
영화가 맨 처음 상영된 지역(『전북영화사』에 따르면 1957년에 〈선화공주〉
상영)이기도 했다. 당시 이 거리는 땅값이 싸서 300석 내외의 중소형
극장들이 하나둘씩 자리를 잡아 극장촌을 형성했다고 한다.
그때만 해도 극장 구경은 고단한 현실에 짓눌린 젊은이들의 최첨단
해방터였던 터라, 이 주변에 밥집이니 주막이니 옷가게니 하는
것들이 곁들어 모여들면서 상권을 형성했다는 후문이다. 그 뒤로
대형쇼핑몰, 빈티지카페와 디자이너샵, 몇십 년씩 명성을 지킨
식당과 술집들이 터줏대감처럼 골목에 굽이굽이 자리 잡으면서

지금의 형태로 변모한 것이다. 극장들도 숱한 부침을 거듭하다 지금처럼 프랜차이즈 복합상영관 두 곳, 지역 복합상영관 한 곳, 독립영화관 한 곳이 다툼 없이 공존하는 장소가 되었다. 현대적이고 또 그만큼 상업적인 곳이지만 또한 문화적이고 지적인 길목이기도 하다.

100퍼센트의 여자아이를 만나면 무얼 하고 싶은가? 잘 모르겠다고? 일단 여기가 축제의 공간이란 걸 상기하자. 길거리에서 배우 드니 라방을 만나고, 예정에 없이 하지원이 GV(관객과의 만남)에 뛰어들며, 국밥집 옆자리에는 봉준호가 앉아있고, 막걸리집에서는 벨라 타르 감독을 마주칠 수 있는 곳이다. 체면이나 허세 같은 건 제쳐두고 누구나 유쾌하게 어울리는 곳이다. 그러니 이 축제의 따사로운 분위기를 한껏 만끽하는 게 좋겠다. 여기서는, 함께 걷는 일만으로도 더없이 정겹고 행복한 데이트가 된다. 볼 것과 들을 것이 가득하고 놀 거리도 풍성하다. 맘에 내킬 때 상영관에 들어가 영화제가 틀어주는 상영작을 보면 그 또한 잊을 수 없는 청춘의 한 페이지가 된다.

아, 이제 시간이 되었다고? 가자. 그녀가 있는 곳으로. 100퍼센트의 여자아이를 만나러. 여전히 날은 푹하고, 바람은 싱그럽다. 당신 걸음은 너무나 경쾌해서 마치 허공을 딛고 있는 것 같다. 누구든 그렇지 않으랴. 단 한 명, 100퍼센트의 여자아이를 만나러 가는 길인데.

다시 독립영화관의 4층, 상영관 출입구 앞이다. 영화는 막 끝나서 엔딩 크레딧이 올라가는 중이고, 1분 후면 사람들이 쏟아져 나올 것이다. 왼쪽 손목의 실을 꼭 쥐고, 일순간 팽팽해질 때 실을 확 끌어당겨라. 당신은 한눈에 알아볼 것이다. 갑자기 기우뚱하며 몸이 쏠리는 여자아이, 너무 세련되거나 몹시 예쁘다는 단편적인 느낌으로는 도저히 표현할 수 없는, 당신에게 더없이 완벽한 여자아이를. 이 햇빛 찬란한 4월의 봄날 전주 영화의 거리에서, 당신은 그 여자아이와 사랑만 하면 된다. 동화 속 결말은 너의 것이다.

    문이 열리고 관객들이 밖으로 나오기 시작한다. 불현듯 빛이 나는 출입구, 바로 그녀다. 당신도 알아보았는가? 당신 손목이 가늘게 떨리기 시작한다.

          [전주 영화의 거리]
시청 입구의 오거리 광장에서 메가박스, CGV, 전주시네마타운, 전주 디지털독립영화관까지의 길목을 가리킨다. 전주시 완산구 고사동 일대. 매년 4월 말부터 5월 초까지 전주국제영화제가 열리는 장소로, 영화 상영 외에도 각종 공연, 퍼포먼스, 즉석 이벤트가 기간 내내 쉼 없이 펼쳐진다. 평소에는 그리 특별하다 할 수 없는 범상한 극장길이지만 영화제가 열리는 동안만큼은 그야말로 동화 속 도시를 방불케 하는 어여쁘고 아기자기한 로망스가 넘쳐나는 공간으로 다시 태어난다. 거기서 만나 함께 걷고, 밥을 먹고, 영화를 이야기하다가 차를 마시고 술잔을 나누면 그때 내 앞에 앉은 여자아이는 모두 100퍼센트의 여자아이처럼 보인다. 이 에피소드는 무라카미 하루키의 단편『4월의 어느 해맑은 아침, 100퍼센트의 여자아이를 만나는 일에 관하여』를 빌려와 살짝 비틀어 입힌 이야기다. 누군가와 함께 예술을 즐기면서 시간을 공유한다는 건 그 어디에도 견줄 수 없는 특별한 경험이다. 아직 상대를 찾지 못했다면 당신에게 전주국제영화제가 열리는 기간에 영화의 거리를 찾으라고 권하고 싶다. 사랑에 빠지기에 아주 적합한 장소며 동시에 사랑할 만한 괜찮은 여자(또는 남자)들로 가득한 곳이므로.

[객사]
객관(客館)이라고도 하며, 고려와 조선 시대에 왕명으로 사신이나 조정의 벼슬아치들을 숙박하게 한 일종의 관사(館舍)를 말한다. 한나라 고조(유방)의 고향 이름을 딴 풍패지관(豊沛之館)이란 현판이 걸려 있으며, 경기전과 함께 조선시대 전주의 가장 상징적인 장소이기도 했다. 전라북도 전주시 완산구 중앙동 3가 1. 보물 제 583호.

공원처럼 누구나 드나들어 옛 정취를 느껴볼 수 있는데, 특히 그 넓은 툇마루에 기대고 앉아 복잡다단해진 전주의 현대적 일상을 바라보는 맛이 그만이다. 영화의 거리에서 가까우므로 더불어 산책을 권한다.

- 영화의 거리에는 메가박스, CGV 전주시네마타운, 전주디지털독립영화관 등 현재 4곳의 극장이 있으며 추가로 극장 건립이 논의 중에 있다. 전주국제영화제는 이 영화관들을 주 상영관으로 쓰고 있으며 대부분의 공연, 이벤트가 이 거리에서 열린다. 전주영화제를 즐기고자 한다면 이 거리에서만 보고 먹고 마시며 놀아도 충분하다. 구석구석 볼 게 많은 동네다.

- 영화의 거리는 또한 '패션의 거리', '빛의 거리'라 불리는 상업골목과 맞닿아있어서 주말이면 브랜드 쇼핑, 보세 쇼핑을 하러 나온 젊은이들로 북적이는 곳이기도 하다.

- 이곳에서는 걸어서 5분이면 객사, 10분이면 동문길, 또 20분이면 남부시장(풍남문)과 한옥마을(경기전, 전동성당)에 닿을 수 있다.

- 영화의 거리에는 먹을 곳도, 마실 곳도 아주 많다. 먼저 밥집으로는 대통령에게도 욕을 그치지 않았다는 욕쟁이할머니 전설의 콩나물국밥집 '삼백집'(063-284-2227, 24시간 운영), 전주 최고의 콩나물국밥집 가운데 하나인 '현대옥'(063-231-5122, 24시간 운영)과 청국장과 된장찌개가 전국 제일이라는 '은행집'(063-286-4766), 60년 전통의 중국음식점 '일품향'(063-284-1901), 전주 냉면 가운데 둘째라면 서운하다는 '원조 함흥냉면'(063-282-9946), 옛날식 짜장면과 메밀국수로 이름난 '가본집'(063-284-4602)이 있고, 마실 곳으로는 한옥을 개조한 멋스러운 카페 '나무라디오'(063-232-7007), 수제 차와 수제 디저트로 유명한 또 다른 한옥카페 'Go집'(070-7722-7292), 시인 기형도가 들렀던 '빈센트 반 고흐'(전주시 완산구 고사동1가 66-5, 063-288-2189), 닭도리탕, 묵은지김치찜 같은 매콤한 안주를 잘 내는 야식집 '또순이네'(063-231-3123), 70~80년대 주점의 모습을 그대로 지키고 있는 '마차집'(063-288-5740)도 있다.

- 전주역이나 버스터미널에서 영화의 거리까지는 택시로 10여 분, 버스로는 20분 정도 걸린다. 전주역이나 시외버스터미널, 고속버스터미널에서 79번(25분 간격)을 타고 북문 정류장에 내리거나 시외버스터미널에서 5-1번(25분 간격)을 타고 외환은행 정류장에 내리면 된다.

- 숙소는 여러 곳이 있으나 시네마모텔(063-283-6111), 'Good Stay' 업소로 지정된 홀인원모텔(063-232-7123), 그리고

한성호텔(063-288-0014, www.hotelhansung.kr)과 전주관광호텔(063-280-7700, http://www.jjhotel.co.kr)이 대표적이다.

18 전주 향교

아름다움, 알음다움

우리말 '아름다움'의 어원은 중세 문헌 표기까지 거슬러가야 할 정도로 깊은 맥락을 갖고 있다. 말 뿌리(語源)가 확실히 드러나지는 않았으나 일반적으로 정리된 견해에 따르자면, '인식하다', '이해하다'라는 뜻을 가진 동사 '알다'의 명사형 '알음'(또는 앎)과 접미사 '답다'가 결합된 '알음다움'이 지금의 '아름다움'이 되었다고 전한다. 그러니까 아름다움은 알음다움, 즉 알 만한 가치가 있다는 의미겠다. 내가 그(녀)를 아름답다고 느끼는 것은 그녀를 알고 싶다는 뜻이며, 또 자꾸만 그(녀)를 궁금해하는 이유는 내가 그(녀)에게서 아름다움을 느꼈기 때문인 것이다. 앎이라는 지적 작용과 매혹을 느끼는 감성적 능력은 이 '아름다움'이란 말 속에서 하나로 포개져있다. 다시 말해, 아름다움은 이해와 느낌이 뫼비우스의 띠처럼 서로 맞물리며 순환하는 상태를 가리킨다.

 학교골이라 불리는 교동의 옛 이름은 자만동(滋滿洞)이었다. 지금의 자만동과 교동은 예전에 하나였는데, 원래 경기전 옆에

있다가 책 읽는 소리와 매질하는 소리가 시끄러워 경건한 분위기를 해친다는 이유로 화산동으로 한 번 옮겼다가 전주부성과 너무 멀고 건물 배치에도 문제가 있어 재론한 끝에 지금의 교동(당시는 자만동)으로 재차 이전한 것이다. 향교가 들어서자, 이 동네는 학교골이란 이름을 새로 얻었다. 그것이 지금 교동(校洞)의 지명이 된 것이다.

    향교란 우리가 국사 시간에 배웠듯, 고려 말부터 조선시대까지 지방에 설립된 관제학교다. 유교가 지배 이념으로 떠오르면서 관리 양성과 백성 교화의 목적으로 서울에는 성균관을, 지방에는 향교를 세운 것인데, 여기에 공자 등 유교의 성인을 기리는 제사의 기능이 덧붙여지면서 향교는 교육 공간인 강학(講學)구역 외에도 제사

공간인 문묘(文廟)구역까지 한 몸에 품게 된다. 대표적인 문묘구역이 대성전(大成殿), 그에 갈음하는 강학구역이 명륜당(明倫堂)이므로 향교는 사실 대성'전'과 명륜'당'이 합쳐진 전당이라고 할 수 있겠다. 근세로 갈수록 그 교육적 기능이 약화되고 제향 공간 기능만 강화되는 기이한 면모를 보이기도 했으나, 그래도 향교란 배움의 목적을 취업과 진학에만 두지 않고 지식을 바탕으로 세계를 이해하고 또 바꾸려고 했던 조선조 문민의 야망을 품고 있다. 즉, 알음다움이 가득히 깃든 장소인 셈이다.

  오목대 뒤편, 교동의 끝자락에 서 있는 전주향교는 그 알음다움을 건축의 형태로 공간에 구현한 학교사당이다. '만물을 교화한다'는 야심을 웅장한 형태로 펼쳐 보이는 2층 누각

　만화루(萬化樓), 신의 길과 인간의 길, 출문(出門)과 입문(入門)을 나눠
낸 일월문(日月門), 단을 높여 엄숙함과 예스러움을 표현한 대성전,
꺼멓게 그을은 외형에다 눈썹 같은 지붕을 붙인 특이한 모양새의
명륜당. 모두 기품 있고 고고하지만, 전주향교의 아름다움은
이것만으로는 아름다움과 겹치지 못한다.
　전주향교의 진면목은 선선히 바람 부는 맑은 가을날, 경내의
뜨락에 서 있을 때 온전히 체감할 수 있다. 대성전 뜰의 은행나무
한 쌍과 명륜당 동재 앞 은행나무가 가지를 흔들며 빛나는 동전
같은 노오란 은행잎들을 마당에 한가득 쏟아놓을 때, 전주향교는
숨 쉴 수 없을 정도로 정명한 아름다움을 세상에 펼쳐 보인다.
그때, 650년을 버티고 지켜온 향교의 정갈한 배치와 건물의 단아한

매력은 한 생명이 터뜨리는 열렬한 환희에 힘입어 알음다움을 강렬히 발산하는데, 그러면서 이 장소는 지상의 건축과 생명의 건축이 합일되는 갸륵한 풍경으로 거듭난다. 한가을의 전주향교는 아름다움과 알음다움이 너나없이 경쟁하고 한데 뒤엉키는 신과 인간의 합작 미술관이다. 나는 그 아름다움을 지켜보면서 왠지 목이 멨는데, 그 연유가 무엇이었는지는 아직도 알고 있지 못하다. 다만 아름다운 것들은 보는 이에게 어딘가 슬픈 빛을 남기는 모양이다.

세상은 가끔 참혹해지고 배움도 종종 인간을 배신한다. 이념은 양날의 검 같아서 거기 속한 한 줌의 사람들을 호위하기도 했으나 또한 제물로 삼아 희생시키기도 했다. 어질고 정의로우며 예의 바르고 또한 지적인 세계를 만들고자 했던 꿈(仁義禮智)은 온데간데없어도 그 흔적은, 꿈꾸던 장소만큼은 화석처럼 그대로 남아 더디게 숨 쉰다. 전주가 슬로우시티가 된 것은 다른 도시보다 특별히 더 자본과 속도에 저항해서가 아니라 지울 수 없는 이러한 흔적들, 향교와 경기전, 한옥마을 같은 특별한 장소들에 빚지고 있어서인지도 모르겠다.

아시는가? 더딤은 시간을 깊게 사용한다는 뜻이다. 그 깊은 시간의 와중에서 전주향교는 두 가지 아름다움을 동시에 발한다. 그 아름다움은 물론 알음다움(지적인)과 아름다움(감성적인)이 맞물리고 순환하면서 빚어낸 것이다.

전주향교에서 아름다움은, 알음다움이다. 알음다움은 또한, 아름다움이다. 아니다, 부질없는 짓이다. 아무런 사족 없이 전주향교는 그저,

아름답다.

[전주 향교]

전주 완산구 교동 26-3에 자리하고 있다. 사적 제379호. 고려시대에 창건된 것으로 기록되어 있으며 서울의 성균관을 모방한 형태로 지어졌다고 하여 수도향교(首都鄕校)라고도 불린다. 일반적으로는 강학공간이 앞에 있고 문묘공간이 뒤에 있는 전학후묘(前學後廟)의 형태이지만, 전주향교 등 몇 곳은 전묘후학(前廟後學)의 배치를 지녔다. 대개 평지에 세운 향교들은 이 같은 형태를 띠고 있다고 한다. 성인을 기리는 문묘공간이 강학공간보다 낮아서는 안 되기 때문이다.

본문에서 말했듯 전주향교는 두 번의 이전을 거쳐 지금의 위치에 자리 잡았는데, 그때 만화루는 천변에 있었다고 한다. 현재 보이는 홍살문의 위치도 처음 옮겨왔을 때와는 달랐다. 그러니 당신은 만화루에서 전주천이 바로 내다보이는 그윽한 풍경을 상상하길 바란다. 배산임수(背山臨水)의 좋은 풍수적 조건을 지금보다 훨씬 더 제대로 구현한 건실한 구조였다. 대성전 앞의 동무와 서무는 제사를 위한 부속 건물에 해당되며, 명륜당 앞의 동재와 서재는 양반과 서민의 기숙사였다. 향교 뒤편의 서쪽 끝에 있는 건물 두 개 중 안쪽은 성인들의 부친 위패를 모시는 계성사(啓聖祠)이며 그 바깥쪽은 사마재(司馬齋)로, 진사·생원으로 합격한 이들이 모여 토론하던 공간이다. 이외에도 목판과 편액을 보관하는 장판각(藏版閣)이 있다. 또한 오목대 뒤편 우측에, 향교와 살짝 떨어진 곳에 문사들의 수련장이었던 양사재(養士齋)도 있다. 현재 향교가 운영하는 인터넷 카페 주소는 http://cafe.daum.net/2jhg

전주 향교는 전주 유림만의 특별한 고집, 이른바 문향(文香)이라고 할 만한 게 있는데, 1897년 문사들의 공부방이었던 양사재를 교실로 개조해 공립소학교로 개설한 것이 첫째다. 이 공립소학교는 현재의 전주초등학교가 된다. 또 1950년에는, 객사를 빌려 '명륜'이란 이름의 대학교를 설립했다. 이 명륜대학은 1953년 전북대학교로 승격 인가된다.

유림들은 배우고 가르치는 데, 제 살을 내주는 데 아낌이 없었던 것이다. 그것이 설령 자신들이 평생을 바쳐온 그 교육이 아니었더라도. 그 하해(河海)와 같은 마음씨에 깊은 존경을 보낸다.

[한벽루]

전북 전주시 완산구 교동 1가 15번지에 위치한 누각으로 전라북도

유형문화재 제15호이다. 승암산의 절벽을 깎아 건립한 정자로, '한벽'이란 이름은 옥처럼 맑은 물이 흐르다 바위벽에 부딪혀 산산이 흩어지는 모습이 벽옥한류(碧玉寒流) 같다 하여 붙여진 것이다. 전주천에 피는 물안개 낀 풍경이 훌륭하다고 하여 전주 8경 중 하나로 '한벽청연'(寒碧晴烟)이라 불린다. 지금은 한벽교에 가로막혀 그 예전의 정경을 누릴 수는 없지만 여름날 이 정자에서 내다보이는 천변과 승암산의 모습에는 여전히 절절한 데가 있다. 향교에서 걸어서 5분 거리이므로 함께 둘러보는 것이 좋겠다.

아울러 한벽루 아래로 돌아가면 작은 터널, 한벽굴이 나온다. 일제가 철로를 뚫었던 곳으로 지금은 사람들의 통행만 가능한 곳인데, 그 주변 의자에 앉아서 아울러보는 한벽루와 한벽굴, 전주천의 풍경이 아스라하다.

- 향교는 한옥마을과 5분 거리로, 버스정류장과 식당 및 숙박 정보는 한옥마을 편을 참고하면 된다. 단, 향교과 가까운 괜찮은 식당으로는 기형도 시인과 관련 있는 전주천변의 칼국수·팥죽집 '남천마루'(063-282-3330), 그리고 한벽루 못 미쳐 형성된 오모가리 식당 촌이 있다. 오모가리란 뚝배기를 뜻하는 사투리로, 이 식당들은 민물고기 매운탕을 주 메뉴로 한다. 그중 가장 오래된 집은 '화순집'(063-284-6630)인데, 사실 어딜 가나 맛은 비슷하다. 여름날 천변 정경을 바라보며 야외에서 먹는 정취가 괜찮은데 가격이 꽤 높은 것이 아쉽다.

19 전북도립미술관과
　　모악산 대원사

두 개의 풍경

1. 전북도립미술관

970번 버스는 전주를 북에서 남으로 가로지른다. 송천동에서 전북대를 거쳐 중앙시장, 한옥마을과 남부시장을 지나 평화동을 끝으로 전주를 빠져나간다. 그 뒤로는 완주의 시골마을을 꾸불꾸불 돌다가 모악산 자락에 가서 멎는다.

970번 버스를 타면 세상이 변해가고 있다는 걸 실감하게 된다. 송천동 아파트촌은 전주의 '신도시'급이어서 서울 못잖은 고급 아파트들과 대형 쇼핑몰, 일직선으로 쭉쭉 뻗은 방사형 도로들을 볼 수 있다. 그리고 중앙시장, 영화의 거리, 한옥마을과 남부시장을 거치는데 이곳은 전주의 구도심이라 낡고 좁고 복잡한 소도시의 정취가 생생히 살아있다. 또 평화동은 옛 아파트와 새 아파트가 공존하는 주택가라 지금껏 거쳐 온 풍경이 얼추 합쳐지는 듯한 느낌을 주는 동네다. 그 후 두메산골이 갑자기 나타나기 시작하면 완주군 구이면이다. 금성마을, 원석구마을, 동적골,

두방마을, 두현마을…. 논과 밭과 집들이 오종종하게 차창에 가득
찼다가 이윽고 덩치 큰 산을 보여주면서 풍경이 멈춘다. 버스는
1970년대부터 1980년대, 1990년대와 2000년 이후까지 시간의
수직적 연대기를 펼쳐 보인다. 다만 팥죽의 새알처럼 순서 없이
섞여있을 뿐이다.
 그 시간 여행의 끝에, 970번 버스의 종점에 전북도립미술관이
있다. 지극히 모던하고 더없이 세련된 서구적 미술관. 절제미와
단순미를 추구한 외관과 담백하고 기능적인 내부, 드넓고 여유로운
부지는 결국 모든 시간의 여행이 현대(또는 현세)로 수렴되리라는 것을
암시하는 신호 같기도 하다. 현대와 근대, 근현대와 과거를 거쳐
다시 현대로.
 전북도립미술관은 전라북도가 처음으로 가져본
공립미술관이다. 전주를 비롯해 이 근방은 하나같이 예향이라
불리지만 그것은 개인의 타고난 품성과 개별적인 단련, 상업적인
거래에 의지했을 뿐 미술환경과 예술교육 측면에서 직·간접적인
영감을 선사하는 제대로 된 공립미술관 하나를 가져본 적이 없었다.
2004년 이곳이 개관할 때까지는 말이다. 말장난을 하자면 전북은,
이 도립미술관으로 비로소 미술관 시대에 '돌입'했다고 할 수 있다.
 전주, 완주, 익산, 남원, 정읍, 김제, 군산, 임실, 부안, 순창,
장수, 고창, 무주…. 이렇게 여러 도시를 거느린 전라북도가 겨우
10년 사이 간신히 공공미술관을 건립하게 된 것은 물론 지역의 힘이
약하기 때문이다. 인구 100만이 넘는 도시가 하나도 없고, 아직도
농업이 주 산업인 고장이 많은 까닭에 해방 이래 정치·경제적
주도권을 수도권과 타 광역시에 내주고는 빠듯하게 살아온 것이다.

●

그래도 전북에서 가장 큰 도시인 전주와 완주가 겹치는 곳에, 전북의 상징이기도 한 모악산 자락에 뒤늦게나마 대형미술관을 건립하고 의욕적으로 전시를 진행하고 있는 건 아주 다행한 일이다.

    도립미술관은 그 자신의 출생을 증명하듯 첫 번째 전시로 '엄뫼, 모악전'을 연 이래로 동양과 서양 전시를 적절하게 섞어가며 빠르게 전북 도민들과 가까워지고 있다. 가끔은 피카소나 샤갈 작품을 들여와 대형 전시를 열기도 했다. 개인전도 개최하고, 기획전도 연다. 실험적인 작품도, 익숙한 작품도 계획에 맞춰 선보인다. 모악산 등산로 바로 옆에 붙어있는 까닭에 사람들을 끌기도 좋은 입지여서, 미술관은 늘 관람객들로 북적인다. 꼭 거장들의 전시가 아니더라도 학생들의 문화 답사, 연인들의 데이트, 가족들의 주말 나들이 장소로 적잖은 관심을 끌고 있다. 예술이란 알게 모르게 삶에 젖어드는 것. 그러하니 목적이야 어찌 되었든 가볍게 미술관을 찾는 발길이 계속 늘어나면서 공공미술의 불모지였던 이곳은 시각예술의 새로운 발원지가 될 것 같다.

　　전북도립미술관에서는 그들이 기획해 보여주는 전시 말고 또 다른 전시를 만나볼 수 있다. 초대형 걸개그림인데 2층의 중앙계단에서 관람이 가능하다. 고정된 듯한 구도를 갖고 있지만 날씨에 따라, 바람에 따라, 햇빛과 달빛과 별빛에 따라 채색과 대비가 크게 변하는 일일 전(展)이다. 미술관이 품고 있는 산과 물과 마을을 자연의 조명에 따라 매번 새로이 돋을새김하는 천연의 전시. 이른바 '자연의 풍광' 전(展)이다. 등으로는 모악산에 기대고 가슴에는 구이 저수지를 품고 있는 가운데 봄이면 수줍게 벚꽃 잎 난분분하게 흩어지는 꿈결 같은 춘경을, 여름이면 무르녹는 초록의 번져가는 스펙트럼을, 가을이면 모악에서 흘러온 바람을 타고 붉게 파도치는 단풍나무들의 군무를, 겨울이면 단순하지만 먹먹한 수묵화로 산수(山水)를 덧칠하는 설경을 차례로 보여준다. 비가 내리면 온 산을 감아드는 가벼운 안개로, 바람이 불면 하늘 판을 건너지르는 구름의 이동으로, 풍경은 도무지 싫증낼 겨를을 주지 않는다. 도립미술관은 그렇게 인간의 전시와 신의 전시를 안팎으로 두르고 있다. 나는 내부의 어떤 전시보다 수려하고 감동적인 미술을, 늘 전북도립미술관의 전경에서 만난다. 수직적 시간 연대기의 끝에 이 근사한 미술관이 자리한다는 건 하나의 알레고리처럼 느껴지기도 한다. 발전은 긍정적이라는 오래된 신화를 뒷받침하는. 뭐 그래 봐야 이 화려한 미술관과 빼어난 경관 앞에서 우리들은 그저 탄성만 지를 뿐이겠지만.

●

2. 모악산 대원사

어느 비 오는 날, 나는 전북도립미술관에 들르면서 그에 앞서 모악산 대원사에 갔던 적이 있다. 가벼운 차림에 우산 하나 들고는 왕복 1시간이면 충분하다는 대원사행 등산로를 올랐다. 초입에는 늘 보던 노점상 할머니들도 없었고 오가는 등산객들도 보이지 않아 좀 의아했는데, 곧 폭우가 쏟아지고 하늘도 컴컴해지면서 끝내는 길까지 잃고 말았다. 어느새 우산은 비바람에 날아가 버렸고, 나는 부딪히고 긁히며 엉뚱한 산기슭을 헤매다가 마침내 엉엉 울음을 터뜨렸다. 주르르 소리 없이 눈물만 흐르는 것 말고, 그야말로 으허허엉, 어허허엉 울음을 쏟아내는 아이들이나 하는 그런 통곡 말이다. 어딘지를 몰라 돌이켜 내려갈 수도 없었고 계속 올라갈 수도 없었다. 간신히 개울로 빠져나가는 길을 발견하고 막 불어나기 시작해 콸콸대는 개울을 울며불며 건넜는데, 바로 그때 눈앞에 대원사가 나타났다. 흠뻑 젖은 몸을 심검당 마루에 누이고는 기절하다시피 했는데 곧 날씨가 개면서 온 절간에 가득하던 그 환한 빛을 잊을 수가 없다. 반쯤 죽다 살아난 내 마음자리가 정취를 더 과장해서 그랬을 수도 있지만, 그때 보이던 모악산의 또렷한 정상과 절의 평화로운 풍경은 그야말로 더러움 한 점 없는 정토(淨土)세계였다.

    하산해서 알고 보니, 그날은 호우경보가 내려 등산로가 차단된 날이었다. 감시원과 담당자가 노점상들을 내려보내고 등반을 막는다며 부산하게 준비하는 가운데 잠시 입구가 관리자 없이 방치된 한순간 천둥벌거숭이처럼 내가 쏙 스며든 것이었다. 내가 건넜던 개울은, 그날 결국 폭포로 변해 부러진 나무와 자갈들을 산

밑까지 쏟아부었다 한다. 운이 좋았던 셈이다.

　대원사는 동학혁명이 실패로 돌아간 후, 강일순이 다른 의미의 혁명을 해야겠다는 깨달음을 얻은 곳으로 알려졌다. 이 깨달음은 이후 강일순의 호를 따 증산교(甑山敎)라는 이름으로 세상에 퍼진다. 미륵사상과 신인재림설, 동학과 무속신앙의 요소를 두루 갖추고 있는 이 독특한 종교에 대해 요약해 설명할 수도 있겠지만 그건 이 책의 범위를 넘어서는 일이다. 대원사에서 이것 하나는 분명히 알 것 같았다. 이 맑고 청정한 도량은 자신을 돌아보기 아주 알맞은 절이라는 것을. 모악산은 증산교 말고도 수많은 종교를 태동시킨 영험한 명산으로 유명한데, 그 이유를 풍수적 관점으로 풀이하기보다 풍경과 정취에서 찾는 게 더 설득력이 있어 보였다. 그 뒤로 좋은 날씨일 때 대원사를 몇 번 더 찾았는데, 올라가는 길도 그렇고 대원사의 풍취도 그렇고 모악산

기운도 그렇고, 매번 짧지만 아주 행복한 등산이 되었다.

    비 그친 대원사 앞마당에서 나는 뜬금없이 이런 생각을 했다. 모악산이나 대원사가 품은 풍광은 현대와는 거리가 먼 오래된 광경이고, 그것은 운 좋게 개발의 삽날로부터 보호받은 안온한 풍경이다. 무턱대고 과거를 찬양하는 일은, 무조건 미래는 장밋빛일 거라는 환상과 똑같이 어리석은 짓이겠다. 그럼에도 우리가 이 보존된 자연의 풍경, 생명의 터전이 되는 과거의 정경 앞에서 가장 큰 위로와 편안함을 얻는 이유는 무엇일까 하고.

    모악산 주차장, 도립미술관 아래편에서는 970번이 다시 출발하려고 시동을 걸고 있었다. 차는 다시 완주를 거쳐 전주를 종단해 복잡다기한 현대로 돌아갈 것이다. 버스 좌석에 앉아 창에 와 닿는 미술관과 산의 그림자를 손으로 가만히 더듬어보았다. 미술관의 풍경은 원래 모악의 풍경이 아니었던가? 현대란, 행여 과거를 착취해 이룩한 환영이 아닐까? 우리는 큰 풍경 속에서 작은 풍경을 만들면서 다시 큰 풍경으로 합수(合水)되는 게 아닐지.

    대원사와 모악은 말이 없었다. 그저 부스스 바람 한 줄기를 들려 보냈을 뿐이다. 버스는 부르르 몸을 떨고는, 빠른 속도로 과거를 지나쳐갔다. 도시가 앞에 있을 것이었다.

[전북도립미술관]
전북 완주군 구이면 원기리 1068-7에 있으며, 뒤로는 전북의 어머니 산 모악산이, 앞으로는 광활한 구이저수지가 펼쳐져 있어 전시 작품과 상관없이 미술관 풍경 자체만으로도 빼어나게 아름다운 곳이다. 특히 2층 전시실 정문 계단 앞에서 펼쳐지는 정경이 웅대하니 놓치지 마시길 바란다. 휴관일은 매주 월요일과 신정, 구정, 추석이다. 홈페이지는

http://www.jma.go.kr, 전화번호는 063-290-6888.

[모악산]
모악산은 전북 대부분의 시·군에서 그 웅장한 자태가 바라다보이는 대표적인 '평지 돌출산'이다. 높이는 해발 793.5m. 그러나 예상보다 골이 깊어 만만히 볼 수 없는 산이다.

모악산에서 발원한 물줄기는 한반도 최대 곡창지대인 호남평야의 젖줄 역할을 하고 있어 '어머니 산'으로 불린다. 고어인 '엄뫼'를 의역해서 모악(母岳)이라 이름 지었다고 한다. 영험한 기운이 뭉쳐있다고 하여 미륵사상, 증산교를 비롯한 숱한 신흥종교가 태어난 산으로 각종 무속신앙의 본거지가 되기도 했다. 많을 때는 80여 개의 암자가 있었을 정도라고 한다.

통일신라 때 억압받던 백제 유민의 고통을 달래준 진표율사, 후백제를 세운 견훤, 조선 중기 '천하공물설'(天下公物說, 세계는 일정한 주인이 없다) 등 혁신적인 사상을 품다 목숨을 잃은 정여립, 동학혁명을 이끈 전봉준 등 수많은 사람의 꿈이 깃든 곳이기도 했다. 또 모악산은 한때 북한 김일성의 시조 묘 논란으로 화제가 된 적도 있는데, 전주 김씨 시조 김태서가 모악산 명당 터에 묘를 써 김일성과 김정일의 운이 발복했다는 설이다. 이래저래 풍수적 명당이라 할 수 있겠다.

그러나 모악산은 그런 인문지리적인 가치보다 빼어난 산세와 수려한 자태로 전북도민들의 깊은 사랑을 받는 호남 명산이다. 특히 봄날의 꽃피는 산 경치가 아름다워 모악춘경(母岳春景)이 호남사경(湖南四景) 가운데 제일로 꼽힌다.

4개의 등산 코스가 있으며 완주에는 최소 2시간 30분 이상 걸린다. 그중 가장 인기 있는 코스는 도립미술관 주차장에서 올라 대원사~수왕사를 거쳐 금산사 주차장으로 내려오는 길로, 5시간 정도 걸리니 한나절을 각오하고 답사하길 권한다.

[대원사]
모악산 중턱에 자리 잡고 있는 금산사의 말사로 도립미술관 옆 모악산 입구에서 개울을 따라 산길을 30분 정도 오르면 만날 수 있다. 대웅전 삼존불상 뒤의 후불탱화와 나한탱화가 아름답기로 이름나 있으며 고려 말기에 세운 5층 석탑과, 용각부도 등 6기의 부도가 근사하다. 맑은

날씨에는 절 내에서 산 정상을 또렷이 볼 수 있다. 미술관 주차장에서
대원사까지 가는 길은 비교적 평탄하므로 미술관과 함께 둘러보는
코스(왕복 2시간 정도 소요)로 잡으면 알맞겠다.

- 외환은행(영화의 거리)이나 한옥마을(전동성당) 정류장에서
  남부시장 방면으로 970번 버스(배차시간 20분)을 타면 1시간이 채
  걸리지 않는다.

- 미술관 2층에는 카페가 있어 음료와 간단한 스낵을 팔지만
  정식 식당은 아니다. 미술관 옆 모악산 등산로 입구에 우렁
  된장과 청국장을 잘하는 '모학촌'(063-221-0898)이 괜찮고,
  구이면사무소 옆에 '소문난집'(063-222-0058)은 찌개백반을 잘
  한다.

- 모악산 등산로 부근에도 묵을 곳이 있긴 하지만 크게 권하긴
  어렵다. 970번을 타고 돌아가 전주 시내에서 묵는 게 더 좋다.
  한옥마을 쪽이나 영화의 거리 숙소를 참고할 것.

20 남부시장과 청년몰

소망의 상실과 레알 뉴-타운

남부시장의 아침은 일찍 시작된다. 해 뜨기 전, 시장은 천변에서 먼저 몸을 부린다. 약속처럼 매일같이. 아주 이를 때는 새벽 두세 시쯤부터 난전이 시작될 때도 있다. 누구 하나 장이 어디냐고 물어보는 이도 없이 잘도 찾아와 순식간에 저잣거리를 이룬다. 싸전다리에서 매곡교까지 아직 캄캄한 중에 물건이 펼쳐지고 손님들과 구경꾼이 모인다. 소살소살 물소리만 들리던 전주천변은 어느새 때 이른 장터로 북적인다.

    도깨비시장, 벼룩시장, 번개장, 반짝시장…. 이 새벽 시장은 여러 가지 이름이 있지만 전주 사람들은 이를 일러 보통 '빤짝이 시장'으로 부른다. 아마 반짝 시장이 전북 사투리로 눌러붙으면서 그리 된 것일 게다. 대개 해 뜨기 직전부터 펼쳐져서 오전 9시경이면 대략 마무리된다. 그래서 빤짝이 시장의 존재를 전혀 모르는 이들도 많다. 일반적인 시간에 본연의 남부시장인 아케이드 상점가 위주로 돌아다니는 사람들이라면 그럴 법도 하다.

●

　재래시장은 원래 이용객들의 연령대가 높은 편이지만, 이 새벽 장은 더욱 그렇다. 상인이고 고객이고 모두 흰 서리가 머리에 내려앉은 사람들이 대부분이다. 아침잠이 없는 이들, 그들은 새벽마다 하나의 풍경을 이룬다. 마치 플래시몹을 연기하는 것처럼 후다닥 난전을 펼치고 야무지게 장을 닫는다. 본 시장이 대개 9시경부터 하루를 시작하는 터라 그에 부담을 주지 않기 위한 조치였을 것이다.
　물건은 생각보다 다양하다. 주로 먹거리 판매가 대부분이지만 계절과 날씨에 따라 공산품과 잡화도 취급한다. 농부가 산지에서 직접 실어온 파 다발, 식칼 든 아저씨가 주문 즉시 잡아주는 닭, 어제

낳은 달걀만 모아오신 할머니, 직접 채취한 약초만 파는 심마니, 밤새 기른 콩나물을 통째로 들고 온 할아버지, 보석처럼 아름다운 색깔의 콩을 파는 아주머니…. 싱싱한 열기에다 걸걸한 흥정이 있어 구경만 해도 '개미'(재미의 전북 사투리)가 있다.

한편 우리가 알고 있는 남부시장도 약속한 듯 아침이면 하루를 시작한다. 오전 9시쯤부터 전주천에 접한 과일전, 어물전, 채소전들이 앞서거니 뒤서거니 문을 열고, 지붕 아래 상점가들도 분주하게 손님 모실 준비를 한다. 물론 몇몇 피순댓국집과 콩나물국밥집은 24시간 개점하므로 언제나 한낮인 셈이다. 오전 10시가 넘으면 남부시장은 짐을 나르는 오토바이와 물건을 들이는 트럭이 지그재그 오가면서 왁자지껄해지는데, 그러면 장터는 찐하고 고소한 냄새를 사방에 풍기면서 본격적인 영업에 들어간다. 깨 고는 냄새, 커피 끓이는 향기, 밥 짓는 내음, 한약 달이는 구린내, 전 부치고 고기 지지는 기름내…. 전주에서 가장 큰 시장이면서 완주와 김제, 임실, 진안 주민들까지 즐겨 찾는 전라북도 제일의 남부시장은 아침나절부터 소슬해지는 저녁 무렵까지 온종일 기운이 넘쳐난다. 자동차 빼고는 없는 게 없는 '만물장'이라 불릴 정도로 남부시장은 크고 넓으며 판매하는 품목도 다양한데, 처음 방문한 이들은 종종 그 안에서 길을 잃을 정도다. 점포 수만 900여 개, 종사자도 1,200명이 넘는다고 한다. 그러니까 굽이굽이 아주 속 깊은 시장, 그로 해서 먹고사는 이들도 수만 명에 이르는 번듯한 장터라고 할 수 있겠다.

남부시장의 역사는 아주 길다. 조선 초기인 1473년, 전주의 사대문 가운데 풍남문 바깥에 장이 서기 시작한 것이 시초라고 한다. 그 뒤 동학농민전쟁과 강제병합, 6·25 등 여러 급변을 겪었지만 맥이 끊어지는 일 없이 500년 넘게 자리를 지켰다. 사실상 한국에서 가장 오래된 향시(鄕市, 지방시장)다.

 남부시장이 근대적 형태를 갖추게 된 건 1905년이라고 한다. 국가에 의해 공설시장으로 개설된 이래, 1936년 일제강점기 때 남부시장이라는 공식 명칭을 가지게 되었다. 그러니까 현재 자리에서 지금과 같은 형태를 갖추게 된 것만 따져봐도 100년이 훌쩍 넘는다는 이야기다.

 상점들 면면을 살펴보면 시장에 새겨진 세월은 한층 더 또렷해진다. 60년 전통의 한복집 '문화주단', 이름은 정육점이라 걸어놓고 두부와 청국장으로 유명한 3대째 대물림 가게 '믿음정육점', 반세기 넘도록 건어물만 취급하는 '대영상회', 평생 무쇠 솥만 팔아온 '대원상회'…. 관광객들에게 유명한 건 대부분 국밥집이지만 그보다 더 절절한 가게들이 골목골목 수두룩하다.

 그러나 이 땅에서 재래시장은 빠르게 위축되는 중이다. 백화점과 대형마트와 프랜차이즈 슈퍼와 인터넷 쇼핑몰의 협공 속에서 시장은 새로운 상점들에 제 시장(market share)을 내주고 있다. 젊은 사람들은 시장에 오려 하지 않고, 장터를 찾는 상인들과 고객들은 대부분 50대 이상이다. 시장은 노쇠하고 있다. 신문과 잡지, TV와 인터넷은 밝고 쾌적한 대형쇼핑센터에서 물건을 사는 세태를 앞다퉈 보도하면서, 재래시장은 곧 사라질 것이라는 전망을 서슴없이 내뱉는다. 그때 그 전망은 예상이 아니라 판결이나 선고처럼 들린다.

 남부시장은 그나마 행복한 시장일지도 모른다. 왕년의

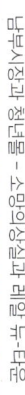

위세는 잃었지만 절멸의 운명을 규모와 전통의 힘으로 어떻게든 막아내면서 아직까진 꿋꿋이 버티고 있으니까. 전주의 인기 여행지 한옥마을과 가까운 터라, 몇몇 식당을 첨병으로 젊은 관광객들을 끌어당기는 여력도 있다.

    남부시장의 행복은 지리적 여건 말고도 더 있다. 정부와 지자체, 문화단체가 시장의 부활을 의논하면서 남부시장에 젊은 사람들을 끌어들일 방안을 궁리하며 본격적으로 실험하기 시작한 것이다. 이른바 하늘정원 프로젝트와 청년장사꾼 프로젝트.

    남부시장의 아케이드 상점가는 1층과 2층으로 나뉘는데, 상권이 쪼그라들면서 2층은 거의 모양만 살아있었다. 거기에

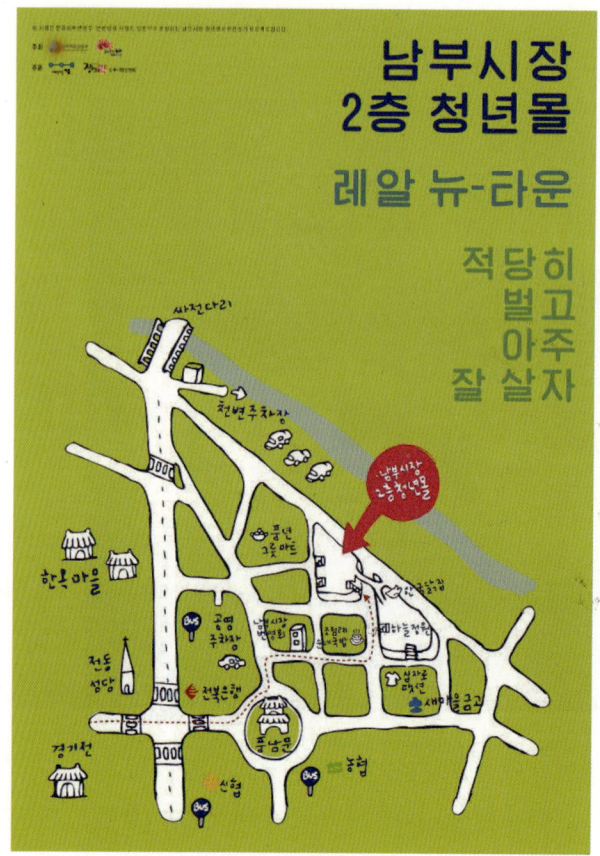

남부시장은
빈 가게들을
허물고 발칙한
시도를 선보인다.
한쪽을 터서
전주천과 시장
풍경을 아울러
조망할 수 있도록
노천공원으로
리모델링하고,
젊은 예술가들을
붙여 상큼하고
발랄한
조형물들을
장식했다. 그것이
'하늘정원'이다.
　　괜찮은
휴식처를 조성하는 것에서 끝내지 않았다. 빈 가게를
청년장사꾼들에게 지원해 젊은 상점가를 개설했다. 이를 '청년몰'
사업이라 부르는데, 문화단체와 창업 청년들의 아이디어가
덧붙여지면서 정부에서 지역으로 그 주도권이 넘어갔다. 청년들은
이 낡은 재래시장 2층에다 고양이 테마 카페, 뽕잎 버거 전문점,
아기자기 칵테일바, 보드게임방, 핸드메이드 잡화점, 친환경
공예점, 디자인 상품점, 식충식물 전문점 등을 잇달아 내면서

분위기를 확 바꿨다. 주말에는 야시장을 열기도 하고 계절마다 음악회를 열거나 매달 쿵짝쿵짝 무언가를 같이 만들고 고민하는 '문화클래스'도 개설했다. 청년장사꾼들은 이 2층의 문화적 해방터를 스스로 이르기를 '레알 뉴-타운'이라고 했다. 그들이 내세운 표어는 이러하다. '조금만 벌고 아주 잘 살자.'

 이 '레알 뉴-타운'이 성공적으로 시장에 안착하면서 다른 상인들과 공존하고, 시장을 이용하지 않던 젊은이들을 사로잡으며 남부시장의 새로운 시대를 열고 있다. 주말이면 시장 2층은 홍안의 사람들로 바글대고, 여타 시장이나 쇼핑센터와는 전혀 다른 흥취를 자아내면서 전주의 명물이 되어가는 중이다. 돈을 버는 건 중요하지만 그게 전부가 아니라는 어느 한 청년장사꾼의 말처럼, 남부시장은 상품의 거래 이외에 다른 것들을 제공하려고 애쓰고 있다. 남다른 일이다.

 하지만 사실 하늘정원과 '레알 뉴타운'이 남부시장의 운명을 재래시장의 예고된 파국에서 건져낼 수 있을지는 아직 모르겠다. 근대까지 시장은 오직 시전과 난전에 한정되었으나, 지금에 이르러서는 이 세상 전부가 온통 시장이 되고만 까닭이다. 규모와 자본의 힘이 경쟁 위에 군림하면서 100명이 함께 먹고살던 풍경은 한 명이 몽땅 차지하고 나머지는 굶거나 간신히 풀칠하는 살풍경으로 바뀐 지 오래다. 노천공원과 청년몰 사업은 이 지독한 경제적 살육의 한가운데에서 남부시장과 상인들을 구해줄 수 있을까?

 나는 남부시장을 거닐다 한 옷가게 간판을 읽고는, 깜짝 놀라 소스라쳤던 적이 있다. 그 점포의 이름은 '소망의상실'이었다. 띄어쓰기를 제대로 하자면 '소망 의상실'이었겠지만 그때 나는 그 글자를 '소망의 상실'로 읽었다. 사람이 적어 살짝 쓸쓸해진 평일 저녁 남부시장의 풍경이 안쓰럽게 마음에 와 닿았기 때문일 것이다.

 우리는 먹고 입고 쓰는 물품을 백화점에서 살 수도 있고, 마트에서 구입할 수도 있다. 택배를 받을 수도 있고, 전화로 배달시킬 수도 있다. 우리는 재래시장이 없더라도 아무 일 없이 행복하게 살 수 있을지도 모른다.

 그러나 풍경이 사라지는 것은 세계가 사라지는 것이다. 삶이 사라지는 것이다. 분명한 형태를 가지고 수백 년을 지속했던 문화가 사라지는 것이다. 우리가 지금 받아들이려고 하는 건 그런 것이다. 한 시절과 더불어 그 시절을 살아왔던 사람들의 삶을 없던 것으로 돌리는 것. 우리는 그 풍경과 세계와 삶을 희생시키는 대가로 무엇을 얻으려 하는 것일까. 교환되는 양자의 가치는 정말 동일한 것일까.

청년몰은 그에 대한 유일한 해결책은 아니겠으나 의미 있는 하나의 시도라 할 수 있다. 풍경을 풍경으로 존속하게 만들고자 하는, 앞서 살아왔던 사람들의 삶을 받아들이고자 하는, 그 삶이 지녔던 공생의 흔적을 긍정하고자 하는, 작지만 필사적인 시도.

그래서 남부시장 청년몰은 그냥 뉴타운이 아니라, 우리의 삶이 구체적 형태로 발현되는 '레알', 원주민을 밀어내고 아파트를 밀어 올리는 뉴타운이 아니라 구세대와 신세대가 어울려 함께 사는 오래된 미래의 '뉴-타운'인 것.

시장 곳곳에 걸린 청년몰의 표어를 나는 이렇게도 읽었다.

조금만 벌고 아주 잘 살자.
조금씩 나눠 먹고 같이 잘 살자.
조금 덜 소비하고 더 많이 나누자.

그 쉽고도 험난한 일이, 지금 남부시장엔 또렷하다. 그 살가운 풍경을, 모두에게 선물하고 싶다.

[남부시장]
전주시 완산구 전동 3가에 자리 잡은 재래시장으로 1473년 (풍)'남문밖장'으로 출발한 지방시장의 시초다. 지방의 전통시장 가운데 가장 긴 역사를 지니고 있으며, 현재에도 8개 지구, 900여 점포, 1,200여 명의 상인과 장을 보러 오는 수만 명의 손님까지 합쳐 호남 최대의 물류집산장터로 꼽힌다. 전주뿐 아니라 인근 지역에서도 장사치와

손님들이 몰려와 주말이면 몹시 복작거린다.

 1890년대에는 전주부성 안에 있다가 1905년에 공설시장으로 바뀌면서 본격적인 근대 시장으로 거듭났다. 1936년에 지금의 형태와 비슷하게 뜯어고쳤으며 1960년대에서 1980년대 초반까지 전성기를 구가했다. 그때 남부시장의 위세는 실로 대단해서, 전국의 쌀값을 이곳이 좌우했다고 한다. 전라도는 물론 경상도 상인들도 남부시장에서 쌀을 사갔을 정도다.

 대형화와 규모화, 세계화 바람에 휩싸여 1980년대 후반부터 남부시장도 다른 재래시장처럼 급속도로 쪼그라들기 시작했으나, 2010년경부터 정책적으로 '청년장사꾼 만들기' 프로젝트가 가동되면서 현재의 '레알 뉴-타운'을 형성했다. 단순히 신기한 상점이 들어서고 물건을 파는 것만이 아니라 다양한 문화 프로그램과 체험공간을 마련하고 있어 꼭 한 번 들러볼 만하다. 장소는 남부시장 2층. 자세한 내용은 블로그(http://blog.naver.com/simsim1968) 참고.

- 남부시장은 피순대와 콩나물국밥 등으로 이미 잘 알려진 곳이다. 24시간 영업하는 '조점례 남문피순대'(063-232-5006)가 유명하고, 콩나물국밥집으로는 '현대옥'(063-282-7214, 오후 2시까지만 영업)이 정평 나 있으며, '운암식당'(063-286-1021)도 그에 전혀 뒤지지 않는다. 또 솜씨가 웬만한 한정식집보다 낫다는 백반집 '정집'(010-6678-5770)도 추천한다. 2층 청년몰 근처에도 저렴하면서도 훌륭한 밥집이 있는데, 보리밥 전문식당 '순자씨 밥줘'(063-282-2168), 다른 메뉴 없이 딱 백반만 내놓는 '상수식당'(063-231-2440, 2시까지만 영업)도 가볼 만하다. 식사 후 2층의 청년몰을 둘러보면서 가벼운 쇼핑과 음료를 즐겨도 좋겠다.

- 풍남문과 완산경찰서 사이 '초원편의점'(초원가맥)은 입에 살살 녹는 촉촉한 황태구이로 유명하다. 개인적으로는 전주 가맥 가운데 황태를 가장 잘하는 곳이 아닐까 싶다.

- 남부시장은 한옥마을과 같이 둘러보면 더 좋다. 오전엔 경기전과 한옥마을을, 오후에는 전당성당과 남부시장을 보는 식이면 무리가 없겠다. 한옥마을의 명소들은 해당 편을 참고.

- 전주역이나 버스터미널에서 5-1번, 79번 버스를 타고 한옥마을(전동성당) 정류장에 내리면 풍남문이다. 그 풍남문 로터리에서부터 남부시장이 펼쳐진다. 한 정거장 더 가서 남부시장 정류장에 내려도 되지만 아무래도 풍취는 한옥마을과 전동성당, 풍남문이 같이 어우러지는 풍남문 쪽이 더 훌륭하다. 버스 소요시간은 20여 분.

- 남부시장에서는 걸어서 5분이면 경기전(전동성당), 10분이면 한옥마을, 20분이면 전주국제영화제가 펼쳐지는 영화의 거리에 닿을 수 있다.

- 숙소는 한옥마을 내에 자리한 민박(전주한옥체험관 063-287-6300 www.jjhanok.com, 학인당 063-284-9929 cafe.naver.com/hakindang, 그 밖의 한옥 민박은 한옥마을 편 참고), 또는 한옥마을을 굽어보는 최고급 호텔인 리베라호텔(063-232-7000, http://www.core-riviera.co.kr)이나 영화의 거리 쪽 업소(전주관광호텔 063-280-7700 http://www.jjhotel.co.kr, 한성호텔 063-288-0014 www.hotelhansung.kr, 시네마모텔 063-283-6111)를 이용하는 게 좋다.

21 완산칠봉과 용머리고개

전주로 가는 전봉준

1. 조선, 근대를 외면하는 중세국가

세상은 어지러웠다. 19세기 조선은 순조, 헌종, 철종 3대에 걸쳐
60여 년 동안 어린 왕들이 연이어 즉위한다. 어리고 허약한 왕들은
정치를 몰랐다. 권력은 왕을 뒤에서 주무르는 외척들의 몫이었다.
세계는 뜨거웠다. 외적으로는 이미 제국주의가 발효 중이었고,
내적으로는 실사구시(實事求是)의 기운이 가득한 근대의 여명기였다.
그러나 왕정은 아둔하였다. 쇄국을 고집하다 대책 없이 항구를
내주었고, 실학을 무시하며 여전히 공맹(孔孟)을 되뇌였다. 왕조와
한 줌의 양반 지배층은 제 배를 채우는 수탈에만 몰두할 뿐, 백성의
삶이나 나라의 형편에는 관심이 없었다. 매일같이 새로운 세금이
부과되었고, 벼슬은 공공연히 사고팔렸다. 세도가는 물론 지방
수령들도 상민을 노예처럼 부리며 재산 축적에만 골몰했다. 꾀도
없고 배짱도 없는 조정은 연이어 불공정조약을 체결하면서 그
한심한 살림마저 외국에 퍼주고 있었다. 가뭄과 장마가 연달아

이어져 농민들은 제 입에 넣을 곡식을 찾기 어려웠다. 그런데도
쌀값은 계속 치솟고 징세는 더욱 가혹해졌다. 삶은 아득했다.
백성 10명 중 7~8명이 굶주렸으나 누구도 보살피지 않았다.
농민은 고향을 버리고 유민이 되거나 화적떼로 돌변했다. 수탈을
참다못해 떼로 몰려가 관아를 부수기도 했다. 하지만 한때뿐,
근본적인 해결이 되지 못했다. 당할 줄만 알았던 백성은 끝내
뭉친다. 위아래가 뒤집어지지 않고서는 살아날 방법이 없었다.
조선의 19세기는 그렇게 한 단어로 요약된다. '민란(民亂)'. 조선은
위태로웠다.

 동학은 국가 단위로 중세적 모순을 해결하지 못한 근세의
조선에서 백성이 먼저 근대를 받아들이고자 했던 움직임이었다.
사람이 한울(하늘, 하느님)이라는 인내천 사상, 노비를 없애고 땅을
균등하게 나누자는 제도 혁파가 중심 교리였다. 아내를 때리지
말고, 가난한 사람을 서로 도우며, 귀하고 천함을 가리지 말라는
공정하고 평등한 가르침은 전국에 들불처럼 번졌다. 실생활에
입각한 종교인 동학은 지배층의 반감을 샀으나 기세가 꺾이는 법이
없었다.

 2. 동학, 동쪽에서 태양으로 떠오르다.
고부(현재의 정읍)는 호남 제일의 쌀 집산지인 동시에 조정으로 보낼
공물을 모아두는 곳이었다. 바다(서해)가 가까워 해산물도 풍부하여
예로부터 늘 살기 좋은 고장이었다. 이 고부에 군수로 부임한
조병갑은 이를 기회로 여기고 노략질을 일삼는다. 갖은 명목으로
세금을 부과하다가, 멀쩡한 보(저수지)를 허물고 새로 보를 만들고는

수세(水稅, 물에 붙는 세금)를 받았다. 이에 참다못한 농민들 40여 명이 관아에 모여 부당한 징세를 거두어달라고 읍소했지만 오히려 유언비어를 날조하고 양민을 선동한다고 하여 옥에 갇히고 말았다.

이에 전봉준이 나선다. 동학교도 20여 명을 규합해 동그랗게 한데 이름을 쓰고(沙鉢通文, 사발통문) 세상을 뒤엎어버릴 계획을 세운다. 탐관오리 조병갑 처단을 첫 번째로 하되, 그에 그치지 않고 전주성을 함락해 호남을 해방시키고, 한양까지 진격해 외세를 몰아내자는 어마어마한 꿈이었다. 그러나 조병갑은 행운아였다. 인근의 익산 군수로 갑자기 발령받아 자리를 비웠기 때문이다. 조병갑은 또한 모사꾼이었다. 익산으로 옮기고서도 풍요롭고 만만한 고장 고부를 포기하지 않고 인사에 손을 쓴다. 치밀한 공작의 결과로, 그는 결국 '공로가 많아 특별히 고부 군수에 재임명'되어 얼굴에 웃음을 가득 안고 고부로 돌아온다. 그때가 1894년 1월 9일이었다(이후 모든 날짜는 음력 기준).

다음날인 1894년 1월 10일, 농민들은 농악대를 따라 길놀이를 도는 척하면서 말목장터에 속속들이 모여든다. 그날 밤, 전봉준은 앞으로 나서 거사를 천명한다. 1월 11일 새벽, 농민들은 죽창을 쥐고 고부 관아에 쳐들어갔다. 조병갑은 잽싸게 도망쳤다. 농민들은 감옥을 부숴 억울하게 갇힌 이들을 풀어주고, 원한의 대상이었던 만석보를 허물어버린다. 탐욕스런 관리를 쫓아내는 것만이 목적은 아니었으므로, 전봉준은 세를 유지하고 진지를 세우고자 흙으로 성을 쌓아 긴 싸움에 대비했다. 그의 눈은 서울을 보고 있었다.

조정은 고부 군수를 새로 발령내면서, 적당히 사태를 무마하려고 했다. 임금의 윤음(綸音, 국왕이 백성을 타이르는 문서)까지 보내

아무 일 없을 터이니 생업으로 돌아가라고 타일렀다. 전봉준은
마뜩잖았으나 일단 물러났다. 그러자 조정은 뒤통수를 친다. 안핵사
이용태와 병사 800명을 고부로 보내 모든 책임은 동학교도들에게
있다며 양민들을 마구 잡아 가두고는 재물을 빼앗고 아녀자까지
겁탈했다. 한 입으로 두 말을 하는 왕에게 실망하고 조병갑을
방불케 하는 안핵사와 병졸들의 꼬락서니를 지켜보면서, 세상은
이제 확연하게 둘로 나뉜다. 가진 자의 세상과 그렇지 않은 자의
세상으로.

3. 가자, 농민이 주인 되는 새로운 세상으로
고부 인근의 무장마을로 달려간 전봉준은 동학
접주이기도 했던 친구 손화중을 설득해 거병을 준비한다.
모내기가 막 끝난 봄날이었던 1894년 3월 25일,
고부·무장·태인·고창·금구·부안·영광·김제 등에서 집결한 농민들은
고부 백산에 모여 깃발을 세웠다. 보국안민(輔國安民, 나라를 돕고 백성을
평안하게 한다)을 기치로 내걸고, 전봉준을 총대장으로, 손화중과
김개남을 총령관(부대장)으로 추대해 전국 각지에 창의문(倡義文, 봉기의
목적을 밝히는 글)과 격문(檄文, 함께 싸우자고 권유하는 글)을 띄우고는 반봉건
반침략의 함성을 크게 떨친다. 모인 숫자만 이미 수만 명, 백산에
모인 농민군이 너나없이 죽창을 들고 있던 까닭에, '서면 백산,
앉으면 죽산'이라는 말이 여기에서 나오게 되었다. 백산은 죽창의
산이었고, 그냥 앉아서 죽기보다 떨치고 일어서서 백 명의 산을
이루고자 하는 신명의 장소였다.
  조정은 이를 심각한 요사스런 민란으로 폄하하고는, 7,000여

명의 정예군을 보내 진압하려고 했다. 아울러 전라감영에서도 자체 군졸과 보부상을 동원해 2,000여 명의 연합군을 파견하고 백산으로 향한다. 이때 농민군과 관군이 황토재에서 첫 번째 공식전투를 벌이기 전에, 군대를 이동하면서 보여준 상반된 행태가 기록에 남아있다. 전라감영의 연합군은 대열을 이동하면서 닥치는 대로 민가를 약탈했다. 마을에서 소, 닭, 돼지, 개를 빼앗아 잡아먹고 상인의 점포를 부숴 물품을 빼앗으며 마치 도적 떼처럼 아무나 위협하고 더러운 짓을 일삼았다. 반면 농민군들은 논밭을 지날 때는 곡식을 매어 쓰러지지 않게 하고, 피난 가는 행인들의 짐을 대신 져주기도 했다. 백성을 해치거나 겁박하지 않는다는 행동 강령을 공표해 그들의 규율로 삼았다. 당연히 민심은 동학군 편이었다. 농민군이 입성하는 마을마다, 사람들이 밥을 내오고 잠자리를 만들어주었다.

　4월 6일, 황토재에서 첫 번째 전투를 벌여 농민군이 관군을 기세 좋게 격파한다. 그대로 내달린 동학군은 정읍을 점령했으며, 계속해서 흥덕과 고창, 무장까지 해방시켰다. 4월 12일 영광까지 차지한 농민군은 나흘간 숨을 고르고는 백성의 환호를 받으며 함평에 무혈입성한다. 4월 23일, 황룡촌에서 조선의 정예군인 경군 7,000여 명과 맞붙어 '황룡강을 피로 물들이는' 싸움 끝에 관군을 격퇴하고 뿔뿔이 흩어버린다. 사기가 충천한 농민군은 4월 26일, 정읍을 거쳐 삼천(三川, 현재 국립전주박물관 자리)에서 대열을 정비했다. 그곳은 호남의 수도부인 전주성이 맨눈으로 보일 정도로 가까운 곳이었다.

4. 전주, 용이 포효하는 해방구

4월 27일, 농민군은 용머리고개에 올라 풍남문을 굽어보았다. 군대를 일렬로 세워 용이 쏟아져 내리듯 맹렬한 기세로 패서문(전주의 사대문 중 서문, 현재 다가동 파출소 자리)으로 달려갔다. 전라감사가 서문 밖 민가에 불을 지르고 아전들을 시켜 성문을 단속한 뒤였다. 하지만 성문은 맥없이 열렸다. 백성들과 아전들이 호응해 동학군을 받아들이고 환영했으며 일일이 관아를 안내하기까지 했다. 전라감사의 집무실인 선화당에 전봉준은 사령소를 차렸다. 무기고를 열어 관제 무기를 접수하고 창고의 곡식을 꺼내 두루 나눠주었다. 전주 점령의 상징적인 의미는 대단한 것이었다. 고부 봉기 이래 석 달여 만에, 무장 봉기 이래 한 달 만에, 조선 살림의 4할을 담당하는 호남 제1의 도시인 전주가 마침내 농민군의 영토가 된 것이다. 조정은 안절부절못했다. 강화, 청주의 수도 방비군까지 내주면서 토포사 홍계훈의 기존 군졸과 합세시켜 완산(完山, 현재의 완산칠봉)에서 전주성을 빙 둘러쌌다. 며칠간 작은 전투만 몇 차례 벌어졌다.

5월 3일, 마침내 일대 격전이 시작되었다. 완산에 자리한 관군을 향해 농민군 수천 명이 용머리고개를 따라 치달려 올라갔다. 대포로 무장한 관군은 이번에는 만만치 않았다. 농민군은 사상자 500여 명을 내고는 전주성으로 퇴각했다. 불안한 조정은 청에 원병을 요청해 청나라 군대가 5월 5일과 7일 아산만으로 동학군을 진압하기 위해 상륙했다. 또 일본군도 중국과 맺은 천진조약(天津條約)을 핑계 삼으며 무단으로 제물포에 상륙했다. 조선은 자신의 백성을 살육해 달라며 침략군에게 머리를 조아렸다.

자주나 외교는커녕 통치의 근본조차 돌아보지 못하는 참혹한 국가의 현실이 낱낱이 까발려진 장면이었다.

결국 전봉준은 홍계훈과 전주 화약(和約, 화해하자는 조약)을 맺고, 탐관오리 파면과 세도정치의 축출, 세금 감면과 제도 개선 등을 요구하는 타협책인 폐정개혁안을 제시한다. 하지만 누구나 예상할 수 있듯이, 이 개혁안은 제도화되지 못했다. 안팎의 위기 속에서 청일전쟁이 벌어지고 일본의 승리로 끝나면서, 그렇지 않아도 갈팡질팡하던 왕조가 급격히 기울어졌다. 이미 제기된 모순을 제도적으로 수습하고자 갑오개혁을 단행했으나 나라 꼴은 벌써 말이 아니었다.

5. 물결, 가라앉았다 일어나 다시 서울로

전주성을 나온 동학군은 전라도를 중심으로 전국 곳곳에 집강소를

설치하고 폐정개혁을 실시했다. 혁명이 이루어지지는 않았으나 민주주의는 이미 호남에 만개한 상태였다. 마을마다 집강을 두고 동학교도와 전라감사가 행정사무와 정치적 결정을 함께 처리하며 수령의 임무를 대리했다. 충청도와 경상도에서 비슷한 형태의 집강이 들어섰다. 이때 전라도에서 펼쳐졌던 지방자치 민주주의는 현재와도 비교할 수 없는 수준의, 역사상 가장 진보적인 반봉건 민중정치제도였다.

    정세는 다시 위태로워지고 있었다. 청일전쟁에서 승리한 일본은 경복궁을 침범하고, 서울을 장악했으며, 조정을 꼭두각시로 삼아 전횡을 일삼고 있었다. 분노를 참지 못한 농민들이 집강소에 모여 앞날을 의논한 끝에, 2차 기병이 결정된다. 수확기가 끝난 9월 초, 전봉준은 군대를 규합하고 전열을 정비해 전주에서 삼례로 이동했다. 9월 12일, 삼례에서 전봉준은 다시 2차 기병을 선언한다.

농민군은 보름여 세를 불리고 전열을 정비해 전봉준을 대장으로
손화중과 김덕명을 총 지휘장으로 정하고는 마침내 서울로 향한다.
세상을 바꾸겠다는 그의 꿈은 뒤를 따르는 수만 명의 농민으로
물결치고 있었다. 계절이 겨울로 접어들었다.

농민군은 여산을 거쳐 북진하다 10월 초 강경포구에서 진을
친다. 이때 전라감사였던 김학진이 농민군의 운량관(運糧官, 양식을
운송하는 담당자)이 되어 관청의 세곡과 징발한 양곡을 농민군 진영에
실어 날랐다고 한다. 충청에서도 농민들은 계속 합류해 대열은
계속 불어났고 보무도 당당했다. 북상을 거듭해 전봉준은 논산
풋개(草浦)에 이르렀다.

10월 9일, 손병희가 부대를 이끌고 합세했으며, 10월 10일
전봉준은 충청감사에게 격문을 보내 농민군과 힘을 합쳐 일본과
싸우자고 역설한다. 물론 답은 없었다. 이제 농민군은 공주에
다다랐다.

6. 우금치, 소가 넘을 수 없는 고개

공주는 삼면이 산으로 둘러싸였고 한 면은 금강과 접해있는 천혜의
요새였다. 농민군은 공주를 에워싸고 일본군·조선관군의 연합군과
대치한다.

10월 23일, 이인에서 양측은 접전을 벌인다. 무승부였다. 24일,
대교에서 전투를 벌여 농민군이 패배했다. 그러나 손실은 아직 크지
않았다. 25일, 효포에서 공주로 넘어오는 능치고개에서 둘은 다시
맞붙는다. 한나절이 지나도록 전투가 계속되는 긴 싸움이었다.
농민군은 여기서 엄청난 피해를 입고 논산까지 밀린다. 전봉준의

군사는 1만에서 3,000으로 줄어있었다. 대포와 신식 조총으로 무장한 일본군·관군은 막강했다. 전봉준은 장기전을 준비하면서 또한 곳곳에 구원병을 요청한다. 사태가 어려워지고 있었다.

11월 8일, 농민군은 크고 작은 전투를 겪으면서 관군을 밀어붙였다. 일본군은 따로 우금치고개에서 진열을 정비하고 있었다. 기세가 오른 농민군은 우금치 마루를 점령하고자 했다.

11월 9일, 역사가 도저히 잊을 수 없는 하루다. 우금치에 주둔한 농민군과 연합군은 수십 차례 일진일퇴하면서 맞붙었다. 그러나 사정거리가 긴 대포, 훨씬 더 빠르고 더 멀리 맞추는 최신식 무기를 가진 연합군은 농민군을 무참히 도륙했다. 밤이 이슥해질 무렵, 판세는 명확해졌다. 농민들의 시체가 산을 가득히 메우고 있었으므로.

우금치전투는 동학농민전쟁의 패배를 확정 짓는 서글픈 선언이었다. 눈이 오면 빙판길이 되어 소가 넘을 수 없는 고개라는 뜻의 우금치(牛禁峙). 소는 곧 농민의 상징이었으므로 이 고개에서의 패배는 미리 정해져 있었다는 결정론적인 해석이 떠돌기도 했다.

후퇴를 거듭한 농민군은 남은 전력으로 몇 번 더 전투를 치렀으나 끝내 패배하고 흩어졌다. 공주 말고도 곳곳에서 일어난 농민군 역시 패주를 거듭하며 뿔뿔이 쫓기다가 지방 토호와 유생들이 조직한 민보군(民報軍)과 창포군(槍砲軍, 창과 총을 든 군사)에게 학살당했다. 2차 봉기 후 농민군의 사상자 수는 최소 20만 명에서 최대 50만 명에 달한다.

전봉준, 최시형, 손병희 지도자들은 간신히 목숨을 부지했으나 도망다니는 신세가 되었다. 12월 2일, 옛 부하 김경천의 밀고로

순창군 쌍지면 피노리에서 전봉준이 붙잡힌다. 자주독립, 반봉건, 민주주의를 외쳤던 역사상 최대의 농민항쟁은 그렇게 막을 내렸다.

7. 서울로 가는 전봉준

농민들과 함께 승리의 물결을 이루며 서울로 달려가고 싶었던 전봉준은, 압송되어 쓸쓸히 서울로 실려갔다. 그때 찍힌 사진을 보면, 그가 변함없이 형형한 눈빛으로 사진을 찍은 형리를 노려보고 있음을 알 수 있다. 체포될 때 당한 부상으로 가마를 타고 있는 모습의 전봉준은 초라한 행색이지만 여전히 꿋꿋해 보인다.

전봉준이 묶여 서울로 끌려가는 동안, 상민들은 그가 지나는 길마다 몰려나와 눈물을 찍으며 그를 전송하였다. 그의 체포는 농민의 체포였을 것이며, 그를 기다리는 죽음은 또한 농민의 죽음이었겠다. 전봉준을 밀고한 김경천은 그 뒤 사람들의 눈총이 무서워 숨어 살았으나 결국 객사했다. 피노리 마을 역시 손가락질받다 동네 이름까지 고치는 수모를 당했다.

서울로 압송된 전봉준은 일본 영사관 순사청(현 서울의 중부경찰서 자리)에 갇혔다. 형식상 대한제국이 주관하였으나 실제로는 일본이 배후조종한 재판을 통해 사형이 언도된다. 이 재판은 갑오개혁의 산물로 최초의 근대적인 사형 판결이었는데, 그 갑오개혁은 동학농민전쟁으로 인해 불가피하게 근대적 합리성의 요구를 수렴해 추진된 것이었다. 전봉준은 그러니까, 자신이 일으켜낸 사법제도에 의해 재판을 받고 처형된 셈이라 할 수 있다. 슬픈 아이러니.

어찌나 서둘렀는지 판결 당일에 사형이 집행됐다. 심문 과정을 통해 일본의 회유를 결연히 물리친 전봉준은 사형집행자가 별도의

기록을 남겼을 정도로 최후까지 의연했다고 전한다. 41세의 나이로 그는 삶을 떠난다. 훨훨, 그 지독한 세상을.

　전봉준이 가고 싶었던 서울과, 끝내 붙잡혀 묶여왔던 서울은 서로 얼마나 다른 것이었을까. 그가 세우고 싶었던 나라와 살고 싶었던 서울은, 대한제국의 수도 한성에서 펼치지 못했으나 동학군이 점령한 해방도시 전주에 그 흔적이 도처에 남아있다.

　농민군이 삼천(현재 국립전주박물관 자리)에서 숨을 죽이고 전주 입성을 꿈꾸며 하룻밤 진을 치고 잠들었을 때 세상은 얼마나 깜깜했을까. 관군과 격돌하며 수많은 병사와 장수를 잃었던 완산칠봉은 새로운 세계로 건너가기 위해 넘어야 하는 험난한 골짜기였겠다. 전봉준이 농민군과 함께 벼락 치듯 소리지르며 용머리고개를 내달릴 때 이 땅은 비로소 새로운 기운으로 가득했을 것이다. 마침내 동학군이 점령한 전주성은 더없이 평화로웠는데 전봉준이 다음 전투를 준비하던 선화당(옛 전북도청 자리, 현재 완산경찰서 앞)은, 날선 긴장감이 가득한 가운데서도 얼마나 표표하고 적요했을지. 훗날 왕명을 받들어 전주를 탈환하려던 정예군은 경기전에까지 대포를 쏴 전봉준이 이를 비웃은 적도 있다고 한다. 제 스스로 세운 상징조차 아랑곳하지 않으면서 너희가 그렇게나 지키려고 하는 것이 과연 무엇인지를.

　서울로 가고 싶었으나 끝내 그리하지 못했던 전봉준에게 안도현의 시 한 편을 붙여 송가(頌歌)를 마무리한다.

　그대, 하늘 끝, 호올로 가신님아.

·

눈 내리는 만경(萬頃)들 건너가네
해진 짚신에 상투 하나 떠가네
가는 길 그리운 이 아무도 없네
녹두꽃 자지러지게 피면 돌아올거나
울며 울지 않으며 가는
우리 봉준이
풀잎들이 북향하여 일제히 성긴 머리를 푸네

그 누가 알기나 하리
처음에는 우리 모두 이름 없는 들꽃이었더니
들꽃 중에서도 저 하늘 보기 두려워
그늘 깊은 땅속으로 젖은 발 내리고 싶어하던
잔뿌리였더니

그대 떠나기 전에 우리는
목 쉰 그대의 칼집도 찾아 주지 못하고
조선 호랑이처럼 모여 울어 주지도 못하였네
그보다도 더운 국밥 한 그릇 말아 주지 못하였네
못다 한 그 사랑 원망이라도 하듯
속절없이 눈발은 그치지 않고
한 자 세 치 눈 쌓이는 소리까지 들려오나니

그 누가 알기나 하리
겨울이라 꽁꽁 숨어 우는 우리나라 풀뿌리들이

입춘 경칩 지나 수군거리며 봄바람 찾아오면
수천 개의 푸른 기상나팔을 불어제낄 것을
지금은 손발 묶인 저 얼음장 강줄기가
옥빛 대님을 홀연 풀어헤치고
서해로 출렁거리며 쳐들어갈 것을

우리 성상(聖上) 계옵신 곳 가까이 가서
녹두알 같은 눈물 흘리며 한 목숨 타오르겠네
봉준이 이 사람아
그대 갈 때 누군가 찍은 한 장 사진 속에서
기억하라고 타는 눈빛으로 건네던 말
오늘 나는 알겠네

들꽃들아
그날이 오면 닭 울 때
흰 무명 띠 머리에 두르고 동진강 어귀에 모여
척왜척화 척왜척화 물결 소리에
귀를 기울이라

-안도현, "서울로 가는 전봉준" 詩 전문

위 이야기는 우윤의 『1894 갑오농민전쟁 최고지도자 전봉준』(하늘아래), 이이화의 『한국사 이야기 18편』(한길사), 김양식의 『새야 새야 파랑새야』(서해문집), 안도현 시집 『서울로 가는 전봉준』(문학동네), 동학농민기념관과 전주역사박물관의 전시물 등을 참고해 쓰였다.

[완산칠봉(完山七峰)과 용머리고개]
전라북도 전주시의 동완산동에 위치한 고도 163m의 산으로, 완만한 산세를 이루며 굽이굽이 뻗어있다. 가장 높은 봉우리가 장군봉(將軍峰)이며 그 외에도 12개의 봉우리가 있는 데 그중 우뚝 솟은 바깥의 일곱 봉우리(外七峰)를 이름하여 완산칠봉이라 부른다. 산의 정상에는 팔각정(八角亭)이 있으며, 완산동에서 팔각정으로 오르는 주변을 완산공원이라 부른다. 전체적으로 용의 형상인데 그 머리에 해당하는 곳이 지금의 용머리고개이다. 일제가 고개를 가로질러 길을 내면서 기운이 끊겼다는 풍설이 있다. 곤지봉, 투구봉 등과 함께 어깨를 나란히 하면서 전주를 아늑하게 둘러싸고 있다.
　　완산공원에는 동학농민혁명 때 전주를 점령한 농민군과 이후 전주를 빼앗으려는 토포사 홍계훈(洪啓薰)의 관군이 맞서 싸웠던 역사적 장소로 '동학농민군 전주 입성비'가 세워져 있다. 한편 동학농민전쟁과 직접 연관이 없는 덕진공원에도 '전봉준 장군 동상'과 '김개남 장군 추모비', '손화중 장군 추모비'가 세워져 있어 아리송하게 만드는데, 전두환이 쿠데타로 정권을 탈취했을 때 그 추종세력이 전봉준과 전두환이 같은 본향의 전 씨라고 착각해 공적을 세우고자 건립했다는 한심한 소문이 있다. 세상은 100년 전이나 지금이나 그리 크게 달라지지 않았던 것이다. 그 한심함을 무릅쓰고, 봄이면 만 가지 꽃이 만발하는 투구봉 꽃동산에 올라 전봉준이 다시 오는 세상을 간절히 그려보자. 비록 그것이 일장의 춘몽이라 할지라도.

- 남부시장 뒤편의 전주시 보건소 부근에서 완산교를 지나 한사랑효자 요양병원을 거쳐 완산동 주민센터까지 이르는 경사길이 바로 용머리고개다. 버스정류장으로는 '완산동 시외버스 정류소'에 내리면 된다. 한옥마을(전동성당) 정류장이나

북문(영화의 거리) 정류장에서 남부시장 방면으로 291번을 타면 5~10분이면 도착하고, 걸어서도 금방이다. 완산칠봉은 완산동 시외버스 정류소에서 가까운 다가공원에서부터 이정표를 따라 걸어가면 된다. 다가공원에는 활 쏘는 곳이 있는데, 완산칠봉의 그늘 아래서 화살이 빛살처럼 날아가 아파트촌 앞마당에 꽂히는 풍경이 아주 인상적이다. 꼭 들러보길 바란다. 다가공원에서 굽이쳐 완산칠봉에 오르는 길은 도보로 1시간 정도 걸리며, 중간에 '동학군 전주입성 기념비'가 우람하게 서 있으니 눈여겨 보시길.

- 이쪽은 주택가와 접한 작은 공원이라 딱히 권할 만한 식당이 없다. 남부시장이나 한옥마을에서 걸어갈 만한 거리이므로 해당 편을 참고하면 된다.

22 덕진공원 연못

너에게 가 닿는
출렁다리

연못을 보여주겠다는 저의 말에 당신은 그저 고개를
갸웃거렸습니다. 네, 이상한 제안이죠. 열기로 가득한 여름날에,
그늘이 넓고 시원한 산 풍경도 아니고, 광활한 모래밭 위로 바람이
파도치는 바다 풍경도 아니니까요. 더구나 사실상 분지에 가까운
도시의 허름한 연못을 보러가자니 듣기에 퍽 엉뚱했을 테죠. 심지어
날짜도 미리 정할 수 없고, 7월의 어느 한 주, 날씨 봐서 때가 되면
무조건 떠나야 한다는 조건까지 달려있으니 자못 당혹스러웠을
겁니다. 몇 가지 더 실망스런 이야기를 보태볼까요. 그 연못은
오리 배나 떠다니는 구식 유원지입니다. 맛으로 이름난 도시의
한복판에 있긴 하지만 연못가에는 번듯한 식당 하나 없이 매점 한
곳뿐이에요. 뭐 딱히 특별한 건축물이나 조형물이 있지도 않습니다.
정말로 연못 하나 보여드리고 싶어서요. 그에 딸린 깊은 역사가
있지도 않습니다. 그래요, 야릇한 이야기에요.

허락하신다면, 우리는 그날 아주 일찍 그 도시로 내려가려고

22

덕진공원 연못 - 너에게 가 닿는 출렁다리

해요. 아마도 한밤중에 출발해야겠죠. 해 뜨기 전에 거기 도착하고 싶거든요. 후후, 점점 더 힘들어지는 이야기겠네요. 그래도 더 들어봐 주세요. 속는 셈 치고.

그렇지만 1년에 단 한 번, 가장 뜨거운 계절이 이 땅 위에 온통 작렬할 때, 그 연못은 전에 없던 세상을 한순간 제 수면에 펼쳐 보입니다. 새벽녘 막 동이 터오면서 어둠과 빛이 겹치는 잠깐과 해거름의 감색 노을빛이 물가에 젖어오는 즈음이 그중에서도 가장 아름답지요. 쨍한 한낮에는 선명하다 못해 찬란했던 자태가, 빛들이 켜지거나 꺼지는 어스름의 한때에는 내밀하게 부드러워집니다. 풍경을 접하면서 긴장감과 엄숙함을 갖는 경험은 흔치 않죠. 한여름의 이 연못은 기약 없이 기다릴 만한 가치가 있습니다.

아직 어둑한 7월 초의 새벽, 호수의 맨 가장자리에서부터 어둠이 시나브로 투명해질 때, 물 위에 놓인 등롱들은 잠 깨듯 가벼이 일렁입니다. 그러면 우리는 눈을 감고서 오직 귀만 열어야 해요. 빛이 도착하기 직전에는 반드시 음악이 있으니까요. 투둑 투둑 투두둑 투두두두두둑, 연달아 무언가 터지는 소리가 물결치듯 수면 위로 퍼져나가면 희부윰히 사방이 밝아지기 시작하지요. 그러면 우리는 눈을 떠 지금 보이는 연못과 아까 본 연못이 정말 같은 곳인지 확인해 봐야 합니다. 네, 당신은 볼 거에요. 호수는 갓을 펼친 희고 붉은 등잔불들로 어느새 가득 차 있습니다. 조금 전의 그 소리는 부용(芙蓉)의 화판(花瓣)이 열릴 때 나는 기척이었어요. 밤새 몸을 오므렸던 연꽃들이 태양의 지시를 따라 제 꽃잎들을 자르르 펼쳐낸 것이죠. 그러면 수면은 하나의 만다라입니다. 백련은 아름답기보다는 청초하고, 홍련은 화려하기보다는 수줍은데,

감추는 듯 부끄러이 펼쳐진 꽃판들이 푸른 물감 위로 홍백의 화엄을 수놓고 있는 장면은 망망하고 또한 장엄합니다.

그 장엄 망망한 풍경 위로는 직선 하나가 곧게 뻗어있습니다. 물 위에 낸 출렁다리길, 현수교입니다. 저는 그 꽃물 길을, 당신의 손을 잡고 함께 걸으려 해요. 마음이 일렁이는 것은 흔들리는 다리 때문일까요. 그럴 수도 아닐 수도 있겠지요. 우리가 수면에 펼쳐진 홍백의 만다라를 가로지르며 한 시절을 건너갈 때, 몰려든 빛들은 물에 거울을 덮고 지상의 풍경을 수면의 풍경에 매끈히 새겨 넣고 있겠지요. 저는 그 순간이 더없이 향기롭고 또한 아찔할 것 같습니다.

그래요, 그 호수를 함께 건너자는 건 당신에게 건네는 제 프로포즈입니다. 우리는 제일 어두운 시간에 함께 시작해 가장 아름다운 시절과 또 속절없이 어두워지는 밤까지 손을 놓지 않고 생을 나눴으면 하는 거죠. 우리 더불어 살며 서로를 닮은 아이들도 보도록 해요. 다음 세상이 또 혼탁해지더라도 연꽃 같은 그 아이들로 어려움을 딛고 다시 한 번 꽃 피우는 지엄한 약속을 맺고 싶습니다. 당신을 사랑하는 것은 나의 가장 큰 기쁨이고 당신을 닮은 아이를 보는 것은 나의 제일 큰 행복일지니. 평생 다함없이 경애하고 헌신하며 보살피겠다는 다짐으로, 나는 당신께 한없이 모자라는 내 삶을 여름날의 이 연못처럼 한순간에 바꿔내고 싶습니다. 그 뒤로 아주 오랫동안, 대화하고 노래하며 먹고 자자고 또 투닥거리면서 오붓이 늙어갔으면 합니다. 이 긴 출렁다리를 다 건너듯이, 우리의 생이 저물 때까지 한순간도 떨어져 있는 일 없이 말이에요.

•

호수의 중심원에 자리한 정자 연화정(蓮花亭)이 수면을 타종하며 거듭 맥놀이 쳐 빛을 거두는 시간임을 알릴 때, 자족한 우리 삶도 마침내 천천히 사위어가겠지요. 당신을 먼저 떠나보낼 수도, 내가 먼저 떠날 수도 있겠으나 우리는 절절한 세월을 건너왔으므로 누군가 홀로 남겨진다 해도 그 추억의 힘으로 남은 삶 또한 행복할 것입니다.

압니다. 제가 이전에 당신을 사랑한다고 한 번도 말한 적이 없다는 것을. 당신이 생전 가본 적도 없는 덕진연못을 빌려 하는 이 고백이 어쩌면 뜬금없다는 것을. 그러나 저는 어떤 하루가, 생의 가장 중요한 하루가 될 수 있다고 믿습니다. 모든 하루가 평등한 것은 아니라고, 삶에는 어떤 특별한 하루가 있으며, 그 하루는 다른 모든 하루를 이끌어내기도 한다고. 사랑하는 일, 사랑받는 일은 본래 느닷없는 경험이지요. 우리는 모두 그렇게 이 세상에 나왔답니다.

평론가 김현의 말을 빌려, 제가 당신을 이 호수에 데려가고자 하는 이유를 확언하고 싶습니다. 그는 이렇게 말했지요. 그리움이 물이라면, 당신에게 저수지를 보여주고 싶다고. 네, 제 사랑도 물과 같아서, 당신에게 덕진을 보여주고 싶습니다. 지금은 그저 연못이지만 원래는 전주천과 섞이며 순하게 물결쳐 만경강과 합치고, 또 결국 서해에까지 이르는 이 연못의 환한 장엄을, 망망한 저의 마음을.

전주에는 바다가 없지요. 없지만, 덕진은 있습니다. 담담하게 아름다운 나루터, 포효하지 않는 은빛 바다, 그 바다의 잔잔한 물살을 당신께 보이고 싶습니다.

•

기어이.

[덕진공원(德津公園)]
전주시 덕진구 덕진동 2가 1314-4에 자리한 덕진호 일대의 유원지이며, 전주의 북방이 공허하다는 풍수지리적 여건에 따라 가련산과 건지산 사이를 제방으로 막고 물을 채워 조성한 연못이다. 지금은 시민공원이 되어 조경이 더욱 화려해졌다. 수양버들과 벚꽃, 창포도 아름답지만 특히 여름날의 연꽃으로 명성이 자자하다. 이를 덕진채련(德津採蓮)이라 하여 전주 8경중의 하나로 꼽을 정도다. 연못 한가운데에는 현수교로 연결된 연화정이 있으며, 그 밖에도 취향정, 풍월정, 연지정 등 풍경을 즐길 만한 여러 장소가 있다. 대개 정문인 연지문에서 현수교를 건너며 연꽃 구경을 하는 게 일반적인 완상경로이지만, 동문 근처의 연지교에서 창포를 감상하는 풍광도 그에 못지않을 만큼 황홀하다. 비 오는 날, 오붓하게 데이트하기에도 아주 좋은 곳이다.

- 근처에는 이름난 식당들이 몇 있다. 근방의 백반집 중에는 실속이 넘치는 것으로 정평이 난 '예향'(063-272-5737), 덕진공원 정문 바로 앞에 위치하며, 저렴하면서도 솜씨가 괜찮은 중국음식점 '승우반점'(063-278-6556), 걸어서 3분 거리인 전북도립국악원 건너편에 있고 서울에도 분점을 낼 정도로 유명한 전주비빔밥집 '고궁'(063-251-3211), 깔끔하고 담백한 국물로 덕진동을 평정한 '족보설렁탕'(063-277-0004)이 훌륭하다. 또한 수입한 30여 종의 원두를 직접 볶아 내려주는 전주 최고의 커피전문점 '커피발전소'(063-276-7055)도 덕진공원 정문과 중문 사이에 있으니 들러보면 좋겠다.

- 덕진공원에서 전북대학교 구 정문 쪽으로 5분 정도 걸어가면 전북대학교 박물관(063-270-3488, http://museum.chonbuk.ac.kr)이 나온다. 여름날 덕진공원은 사실 꽤 무더운데, 전북대 박물관은 시원하고 쾌적하면서도 의미 깊은 문화재와 아기자기한 볼 것이 가득하므로 휴식과 감상을 겸해 여기서 쉬어가면 좋겠다. 일요일은 휴관이며, 오전 9시 30분에서 오후 5시 30분 사이에 관람이 가능하다. 특히 2층의 휴게공간에서 전북대 캠퍼스를 바라보는 정경이 운치 있다.

- 한옥마을(전동성당) 정류장이나 국민은행 정류장(영화의 거리), 전북은행 경원지점(영화의 거리) 정류장에서 전북대 방향으로 165번, 215번, 245번, 291번 버스를 타면 30분 정도 걸린다. 덕진공원을 천천히 걸어서 살펴보는 데는 1시간 정도. 전북대 박물관과 같이 둘러보는 데는 2시간 정도 걸린다.

- 덕진공원 정문 앞에는 모텔촌이 조성되어 있다. 그중 추천할 만한 곳은 H호텔(063-251-0811)로, 최근에 부티크 호텔로 리모델링을 거치면서 한층 깨끗하고 안락해졌다. 그 밖의 모텔들은 거의 대동소이하므로 가격을 흥정해 적당한 곳을 찾아가면 되겠다.

23 전주동물원 야간개장

4월에 내리는 눈

봄입니다. 밤이지요. 봄은 푸근하고, 밤은 아늑하죠. 짧지만 상큼한 그늘 가득한 여름밤도 좋고, 바람 소리 끝에 저절로 그윽해지는 가을밤도 좋으며, 창문 밖 흰 종이 스락스락 밟아가는 소리 들리는 겨울밤도 좋지만, 봄밤만큼 설레면서 애틋하고 정겨우면서도 새초롬한 건 또 없죠. 그래서 그렇게나 짧은가 봐요. 겨울과 여름 사이에 후딱, 낮이 길어지면서도 또 후딱. 손 안에 쥔 동전이 야금야금 빠져나가는 느낌이랄까요. 아까워서 잠도 못 들겠어요, 어쩌나.

　봄이라는 글자와 밤이라는 글자는 첫 눈에 반한 연인처럼 서로 만나자마자 달라붙어서는 도무지 떨어질 줄 몰라요. 후후, 좋을 대로 하라죠. 근사한 계절이잖아요. '봄'이라고 불렀다가, '밤'이라고 불렀다가 이윽고 봄밤이라고 붙여 부르면, 저는 그 말들이 날개도 없는데 노래처럼 공중으로 퍼져나가 밤새 춤추며 아침까지 돌아오지 않을 것만 같답니다. 그 뒤를 따라 하염없이 걸어보고

싶은 날들. 봄밤.

    아들이나 딸이 있다면 그들의 손을 잡고, 없다면 조카나 사촌 꼬마의 손을 잡고 노닥노닥 해찰하기에 딱 좋은 장소가 있어요. 덕진공원 너머 소리문화의 전당과 체련공원 사이를 질러가는 봄의 소리로(길 이름이 소리路에요)가 닿는 길, 전주동물원이지요. 쉿, 거기엔 비밀이 하나 있어요. 1년에 단 한 번, 4월의 어느 일주일 동안만 열리는 이공간(異空間)이 존재한답니다. 그것도 밤에. 외지인 모르게 쉬쉬 하며 끼리끼리만 알고 있죠.

전주동물원 야간개장 - 4월에 내리는 눈

　남쪽에서부터 꽃물결이 넘실거리며 밀고 올라오는 4월,
마침내 벚나무 가지마다 몽우리들이 참았던 숨을 엷은 분홍빛으로
터뜨리기 시작하면 동물원은 서둘러 현수막을 정문에 매단답니다.
'야간개장'(夜間開場), 1년에 딱 일주일 정도만 펼쳐지는 아주 특별하고
은밀한 행사가 예고되는 것이에요. 그때부터 전주 사람들은 몸살을
앓기 시작한답니다. 벚꽃들이 도시 전역에서 줄기를 흔들며 난분분,
초대장을 배포하기 시작하는 걸요. 세상이 온통 황홀한 화원으로
피어나는데 몸이 아니 달아오를 수가 없겠지요. 그러면 아이들을

쑤석여 밤 소풍을 떠나는 것입니다. 전주동물원 야간개장은 인파로 출렁하니, 잊어버리지 않도록 잡은 손을 꼭 깍지 껴서.

　밤의 동물원은, 낮의 동물원과는 전혀 다른 곳이랍니다. 따사롭던 봄볕이 가시고 난 후 주위가 어둠과 섞이기 시작하면 동물원은 벚나무 가지마다 등잔을 해사하게 밝히고는 그때까지와는 전혀 다른 꽃빛을 무량무량 퍼뜨립니다. 온 정원이 내밀하게 분분홍홍해지는 시간, 그 즈음은 또한 야행성인 동물들의 제때이기도 하여 그들은 목청껏 울어 세상이 다시 화창해진 것을 축하하며 열렬히 노래하지요. 그 사이를 달콤하고 알싸하게 메우는 꽃향기는 또 어떠한지요.

　아이의 손을 잡고 밤의 동물원을 걷는 일은 눈부십니다. 내가 손잡고 있는 작은 생(生), 아이라는 빛과 나무들이 피워 올린 수많은 생, 꽃이라는 빛들이 서로 교감하고 조응하면서 찬란해지고 혼연해져 꿈결인 듯 점점 몽롱해지는데요. 멀미가 날 정도로 빛으로 자욱해진 동물원 길 위로, 방울방울 4월의 눈이 내립니다. 오래 산 나무들이 앞다투어 꽃잎 뿌려 축원하는 꼬마 아이의 막 시작된 삶. 아이는 그저 호기심 어린 눈으로 난생 처음 보는 밤의 꽃 세계에 감탄할 뿐이지만 언젠가 알겠지요. 생이란 이렇게 끌어주고 밀면서 서로 키워나가는 일이란 것을. 거기에 사람의 일, 나무의 일, 동물의 일이 따로 있지 않다는 것도.

　동물원 정문의 현판에는 '기린원'(麒麟苑)이라고 쓰여있지요. 훗날 아이가 기린처럼 키가 큰 후 제 아들이나 조카딸, 손주를 데리고 다시 이곳에 들를 때, 그때가 다시 봄밤이었을 때, 벚꽃들은 옛 약속을 기억하느냐며 다시 한 번 꽃눈을 뿌려줄 것입니다. 염소와

당나귀와 하마와 코끼리도 뿌와뿌와 함께 울겠지요. 그 갸륵한
합주를 향해 그가 아이들과 함께 미소 지을 때, 저는 그것이 결코
작지 않은 기적, 생명이 연탄(連彈)하는 영원한 약속이라고 믿습니다.
참 어여쁜 봄밤, 4월에 꽃눈 내리는 밤에.

[전주동물원]

전주시 덕진구 덕진동 1가 73-48에 자리 잡고 있으며 1978년 개원했다.
호랑이, 사자, 코끼리, 기린, 하마, 반달가슴곰, 얼룩말, 재규어, 낙타,
침팬지, 캥거루 등 100여 종 670여 마리의 동물이 있다. 수도권을
제외한 동물원 가운데서는 상당히 규모가 큰 곳으로 세월의 흔적이
묻어 세련되지는 않으나 정감 있고 푸근한 공원이다. 동물원 내에
놀이시설(드림랜드)을 갖추고 있어 가족과 연인들의 데이트 코스로
각광을 받고 있다.

매년 4월 벚꽃이 필 때 일주일에서 10일 정도 야간개장을
실시하는데, 이때 전주 시민의 반이 여기 몰린다 할 정도로 인기가
많다. 개장 일자는 벚꽃의 개화 일자에 따라 매년 달라지므로 홈페이지
공지사항을 참고하길 바란다. 홈페이지 주소는 http://zoo.jeonju.go.kr,
전화번호는 063-254-1425. 개인적으로 전주동물원의 벚꽃놀이
야간개장만큼 아름다운 시간은 전주에도, 다른 곳에도 없었다고
믿는다. 평소에 가보는 전주동물원도 어디에 빠지지 않을 만큼 즐거운
곳이라 생각하지만, 그래도 그 일주일간의 천국에는 도저히 미치지
못할 것 같다. 공원은 벚꽃으로 가득하고, 인파로 가득하며, 즐거움으로
가득하다.

개장 시간은 일반적으로 9시부터 19시까지이며 동절기에는
18시까지만 연다. 야간개장 시에는 22시까지. 입장료는 성인 기준
1,300원이고 여러 할인 혜택이 있어 거의 공짜나 마찬가지다. 이것 역시
홈페이지를 참고할 것.

- 동물원 내에 식당과 매점이 좀 있다. 그러나 그 근처는 소리문화의 전당, 덕진체련공원, 동물원이 자리한 전주의 외진 곳으로 추천해줄 식당이 많지 않다. 걸어서 7분 거리인 소리문화의 전당 2주차장 건너편의 '비빔소리'(063-253-2589)가 각종 비빔밥과 청국장을 잘 내는 곳이다.

- 판소리 공연과 콘서트, 심포니 등이 펼쳐지는 소리문화의 전당이 바로 앞에 있으며, 소리문화의 전당 3주차장 바로 옆의 산길로 5분쯤 들어가면 오송제 생태공원이 나오는데, 아주 너른 습지와 그 습지를 둘러싼 낮은 언덕길, 그곳을 찾아오는 새 무리가 어울려 상당한 장관을 이룬다. 동물원-소리문화의 전당-오송제 산책 코스를 묶어 걸어보기를 추천한다. 서너 시간이면 충분한 호사로운 나들이가 될 것이다.

- 동물원을 나와 소리문화의 전당, 그러니까 시내 방향으로 좀 걷다보면 덕진 체련공원이 나오는데 그걸 끼고 길 따라 내쳐 걸으면 실내배드민턴장 뒤편으로 조경단(肇慶壇)이 있다. 전주 이씨의 시조 이한(李翰)의 묘소다. 사당 묘로 웅장한 묘역을 갖추고 있어 볼 만한데 아쉽게도 거의 개방하지 않는다. 멀찍이 눈으로만 볼 수 있으니 관심이 많으신 분들만 경유하시라.

- 동물원 주차장에서 소리문화의 전당 방향(시내 방향)으로 1.5km, 20여 분쯤 걸으면 혼불문학공원이 나온다. 연화마을 정류장 옆에 비석과 안내판이 있으니 날씨 좋은 날이면 천천히 거닐면서

동물원과는 다른, 적요하고 평화로운 정취를 느껴보는 것도 좋겠다.

- 한옥마을(전동성당) 정류장이나 국민은행 정류장(영화의 거리), 금암광장 또는 금암1동 주민센터 정류장(고속터미널과 시외버스터미널 뒤편)에서 동물원 방향으로 165번을 타면 20~30분 안에 도착한다.

- 바로 근처에는 묵을 곳이 없고, 가까운 곳은 덕진공원 부근 숙박촌이다. 165번 버스를 타면 영화의 마을이나 한옥마을이 멀지 않으니 일정에 따라 편한 곳에 묵으면 되겠다. 숙소는 해당 편을 참고할 것.

●

267

24 전주천에서 만경강까지

지극히 사사로이

*

'완산칠봉과 용머리고개' 원고를 쓰기 위해 1894년에 벌어진 동학농민전쟁을 복기하는 중이었다. 그 갸륵한 싸움은 초겨울에 시작해 늦겨울에 끝난다. 우금치 전투에서 농민군이 대패하고, 뿔뿔이 흩어지다가 유생들이 만든 반혁명 민병대인 '민보군'에 의해 곳곳에서 참살되면서 미완의 혁명으로 막을 내린다. 전주로 돌아온 동학의 패잔병들이 남부시장 뒤 매곡교 근처에서 토호들에 의해 목숨을 잃고 산줄기에 쌓이는 시체로 변해갈 때, 나는 노트북을 덮고 작업실을 나섰다. 방 안이 갑자기 갑갑해져서였다. 그때 작업실은 영화의 거리와 남부시장 사이, 다가동에 있었는데 걸어서 2분이면 천변길로 내려갈 수 있었다. 책 원고가 거의 마무리되던 2월, 그러니까 늦겨울, 추위가 매섭게 불어닥쳐서 전주천 산책로에는 인적이 드물었다. 가까이 매곡교가 눈에 들어왔는데, 그 아래에서 서슬 퍼런 바람에 밀려 힘없이 쓰러졌다 또다시 꼿꼿이 일어나는 억새밭 창창한 물결을 아주 오랫동안 말없이 바라보았다.

*

어느 날은 이목대를 거쳐 동고사에 올랐다가 유항검 일가의 합장묘를 지나 산상기념성당으로 해서 '십자가의 길'을 내려왔다. 승암산, 그러니까 치명자산은 고도가 높다고 할 수 없으나 비탈이 아주 가파르고 군데군데 길이 험한데, 고소공포증이 아주 심한 나는 산을 오르내리는 일이 항상 고역이었다. 동고사에서 합장묘로 올라가는 계단은 절벽에 놓여있다. 나는 그 계단을 오가면서 거의 매번 울었다. 겁을 잔뜩 먹어 눈이 어지럽고 몸이 덜덜 떨리면서 어린아이처럼 울음을 터뜨리고 만 것이다. 나이든 남자가 울면서 산을 오르내리는 것이 한심해 보였는지 지나가다 만나는 사람들은 신기해하는 얼굴로 나를 물끄러미 쳐다봤다. 그럴 때면 내 자신이 한없이 딱하고 비루했는데, 결국 산을 다 내려와 전주천 물가에서 몸을 쉬이고 나면 그래도 다음날 또 다른 산기슭과 봉우리에 올라갈 힘이 생겼다. 삶도 죽음도 빛도 더러움도 전부 받아들이고 모두 감당하는 물의 흐름을 보는 일은 아주 담백한 위로였다. 그렇게 울고 떨면서 한발 한발 다 밟아 오르면 결국 나는 전주의 모든 곳에 닿을 수 있겠지. 괴로운 것은 변하지 않았지만 그 위에 삶은 차곡차곡 쌓여갈 것이었다. 내가 물에 손을 뻗었을 때, 물은 나를 어루만졌다.

*

가끔은 자전거를 빌려 전주천을 달렸다. 걷는 일은 하루에 움직일

수 있는 반경이 뻔했고, 버스를 타는 건 너무 질러가는 것이어서 세세한 풍경을 놓치고 만다. 전주는 생각보다 작은 도시라서 다가교(영화의 거리 전주관광호텔 부근)에서 자전거로 편도 2시간 반, 왕복 5시간이면 전부 돌아볼 수 있다. 처음에는 깔짝깔짝, 한옥마을 부근에서 고속터미널 인근까지 한두 시간만 페달을 밟았는데 물가의 풍경이 내내 평화롭고 느긋해서 내친김에 냇물이 강에 이르는 것이 보고 싶어졌다. 방향을 놓치거나 체력이 소진되는 몇 번의 시행착오 끝에 3시간여 만에 전주천의 끝까지 달릴 수 있었다. 전주천은 휘어지고 몰아치며 남부시장, 천양정, 진북사, 도토리골다리, 숲정이성당 등 도시의 구도심을 모두 거치면서 서부신시가지, 도청, 문학대, 모롱지공원 등 도시의 신도심을

관통해 온 삼천과 덕진동 부근에서 서로 합쳐 큰 내를 이루며 계속 북서진(北西進)한다. 미산교를 지나면서부터는 자전거도로가 사라지다시피 하고 잡풀 무성한 오솔길로 변하는데, 그로부터 20여 분만 더 달리면 길은 끝나고 물이 새로 시작된다. 삼례읍 근처에서 만경강에 합수되는 것이다. 자전거도로와 산책길은 거기서 사라지고 수로(水路)만이 다함없이 이어지는 너른 만경강의 초입에 나는 자전거를 눕혀 놓고 강변에서 한참을 그대로 서 있었다. 강은 계속 흘러 호남평야의 드넓은 무논들을 적시다가 황해에 이를 것이었다. 담담하구나. 그랬다. 강은 담담했고, 그를 보고 있는 나도 저절로 담담해졌다. 아무런 일도 없었는데, 다시 전주천을 되짚어 돌아오는 내내 마음이 차분하고 평온했다. 가끔 인생이 사나워져서

급류처럼 휘몰아칠 때면 그때마다 페달을 밟아 전주천이 만경강에
이르는 것을 지켜보다 돌아가곤 했다. 그러면 한결 수월해졌다.
전주천을 오가면서 나는, 거쳐야 하는 길들을 모두 거치며 자신의
운명을 완성하는 존재를 바라보는 일이 그저 좋았다. 괜히 미덥고
든든했다.

*

누군가 나를 보러 전주에 내려왔을 때도, 유명하거나 의미 깊은
장소, 예를 들어 전동성당이나 전주향교 같은 곳에 데려가기보다는
잠깐 걷자며 그를 천변으로 데려갔다. 억새를 어르는 바람, 물속을
투명하게 비추는 햇살이 개울의 평화로운 풍경과 뒤섞일 때
그의 이야기를 들었고 아주 가끔 내 이야기를 했다. 전주천은 이
도시의 가장 고요한 가장자리이기도 하다. 그 안온한 언저리에서
누군가의 이야기는 귀에 쏙쏙 와 닿았고 감정은 왜곡 없이 그대로
전달되었다. 누군가를 찾아오는 사람은 할 이야기가 있는 사람이다.
나도 그렇게 늘 천변을 찾았으므로. 그의 이야기를 냇물과 함께
들었고, 이윽고 소살거리며 흘러가도록 내버려두었다. 물은 늘 못
들은 척했다. 나는 그 덤덤함에 늘 기댔다.

*

푸근한 산책로이면서 또한 부드러운 자전거길이고, 중간마다
징검다리가 쉼표처럼 놓여 있어 옛 정취 아련한 시냇가인 동시에
기술적이고 편의적인 정비를 거친 현대식 수변공원인 전주천.
처음에는 이를 두고 인간의 역사, 개발의 시시비비를 이야기하려고

했다. 결말에서는 강과 바다와 구름과 비로 뭉뚱그려 원환적 생명의 유장함을 아로새기려 했다. 그러다 천변에 다시 내려서보니 생각이 달라졌다. 이 꼭지에서만큼은 오직 사사롭고 싶었다. 위대한 가치나 모성의 자연을 힘주어 말하기보다 그저 내가 여기서 보고 겪고 느낀 것들을 순순히 옮겨 적자 싶었다. 사실 이 책은 2008년부터 2013년까지 전주천변에서 내가 살아간 기록, 사랑한 기록이기도 하다. 그 몇 년간, 전주천과 나는 다만 사적인 관계였다. 사사로움은 또한 살가움이고 정겨움인데, 그리하여 이 정다운 물가가 나는 문득 눈물겹게 고마웠다.

*

내가 너에게 과연 무엇을 해줄 수 있을지 모르겠다. 너를 내가 행복하게 만들 수 있는 일이 그리 많지는 않을 것이다. 이 고백도 일방적인 내 감정의 토로나 다름없겠다. 아주 이기적인 마음이지만, 평생 너와 함께 걷고 싶다고, 그러니 허락해 달라고 부탁하고 싶다. 앞으로도 꾸준히 너를 찾을 것이다. 너와 시간을 나눌 것이다. 나는 네가 키우는 생명 가운데 하나니까, 나는 당신의 자식이니까. 이 철없는 나를.

*

네가 있어, 간신히, 내가 흐른다.
나는 네가 못 되나, 너는 늘 나로구나.

[전주천과 삼천]

전주 시가지 대부분은 전주천의 충적토 위에 건설되어 대체로 평탄하며 남동방 전주천변에서 북서방으로 향하여 완만한 경사를 이루며 흐른다. 전주천은 전주역의 남동방 26km의 관촌평야와 경계한 분수령에서 기원하여 전주 시가지의 중심을 남동방에서 북서방으로 관통하고 삼천은 노령산맥 북부를 흐르는 섬진강의 분수령인 임실군 운암면과 완주군 구이면에서 시작하여 전주의 서편을 남방에서 북방으로 흐르다가 덕진동에서 전주천과 합류하여 만경강에 합친다.

1998년 이후 전라북도와 전주시의 지난한 노력으로 천변이 깨끗이 정리되고 생태계 보호 활동이 이어지면서 한벽루 앞 등 전주천의 일부 구역은 1급수의 수질을, 시내를 통과하는 전주천, 삼천 유역도 팔당댐 정도의 수질을 보이고 있다. 물이 맑아지면서 갈겨니·모래무지·참종개·붕어·피라미·버들치·각시붕어 등 10여 종의 물고기 외에도 쉬리·반딧불이·수달 등 1급수에만 서식하는 청정 동물이 수차례 확인된 바 있다.

깨끗이 정비된 전주천과 삼천은 2002년 일본 '강의 날' 대회에서 히로마쓰쓰다에 상을 수상한 것을 시작으로, 2007년 국내 '강의 날' 대회에서 최우수 그랑프리상을, 2008년에는 잘 가꾼 문화유산 부문 최우수상을 받으며 더욱 유명해졌다. 산책로와 자전거길도 잘 닦여 있어 친구와 함께 걷거나 혼자서 자전거로 달리는 것 모두 적합하다.

전주천과 삼천의 출입구는 천변 좌우에 두루 있으며, 계단이나 경사로로 일단 들어서면 각종 꽃나무와 억새가 어우러져 근사한 풍광을 이룬다. 긴 산책이 아니더라도 15분 내외의 짧은 산보를 다니는 것도 좋다. 가로등이 없어 저녁이 되면 아주 어두워지므로 가급적 낮에 걸어볼 것을 권한다. 자전거를 타고 다녀보면 그 풍경들을 더욱 풍성하게 즐길 수 있다.

전주는 자전거를 빌릴 곳이 많지 않은데, 일단 전주국제영화제 기간이라면 영화의 거리에서 신분증을 맡기고 무료 대여가 가능하다.(홈페이지 참고, www.jiff.or.kr). 영화제 기간이 아니라면 덕진공원 입구의 에코바이크(전주시 덕진구 덕진동 2가 200-10 송정빌딩 1층 063-255-2911, http://ecobike.kr/155842191)에서 1일 7,000원(2013년 2월 기준)으로 유료 대여가 가능하다.

25 에필로그

전주발 서울행 마지막 편 새마을호 00:53 열차

*

어릴 적 내가 자란 곳은 서울의 북쪽 끝자락, 정릉동의 한 구불구불한 골목이었다. 큰 길들이 저마다 뻗어가겠다고 아우성치다 그중 하나가 삐친 듯이 잠시 지류로 빠져나온 조그만 동네, 차가 들어갈 수 없는 좁은 골목의 끄트머리에 자리한 크지 않은 한옥에서 유년의 말랑말랑한 시절을 보냈다. 나무로 된 대문을 밀어서 열면 이음쇠가 끼이익 소리를 내면서 제 속을 활짝 펼쳐보이는 오래된 기와집, 맨 먼저 문간방이 나타나고 그리고 뒷방, 장독대가 있으며 마루와 부엌이 기억자로 붙어있고 부엌은 내부의 조그만 문으로 안방과 연결되는 스무 평 남짓한 한옥이 우리 집이었다.

마당은 넓지 않았으나 아버지는 화초와 나무를 키우는 것을 좋아하셨으므로 햇살이 온화하게 부풀어오르는 봄날이면 집에는 늘 꽃 소식이 있었다. 나는 스스로 식물을 키운 적이 없지만 그 시절

어느 날, 학교 가던 아침, 말없이 꽃잎을 열었던 작은 화분에서 경외감을 배우기도 했다. 그리고 그 집에서 키웠던 병아리 두 마리와 개들. 지금도 그 작고 따뜻한 것들을 기억하며 불쑥불쑥 솟구치는 감정은 어쩌면 그리도 애틋한 것인지.

　문을 나서면 수많은 집이 어깨동무를 하고 창과 문과 담을 통해 그 안에서 살아가는 사람들과 때로는 은밀하게 때로는 대놓고 이야기를 주고받기도 했다. 차가 들어올 수 없는 좁은 골목은 또 얼마나 안온한 울타리였던가. 그것은 그대로 우리들의 길고 긴 끝나지 않는 놀이터. 관계가 거기서 무럭무럭 자랐다. 친구와 형과 후배와…그리고 여자친구도.

아파트로 대변되는 도시화의 그늘이 서울의 고샅길까지
탐욕스레 삼켜버린 뒤에, 나는 옛 집뿐 아니라 유년까지 모두
잃어버린 기분이었다. 그러다 무심히 들른 전주에서 우연히 보게
됐다. 여전히 차가 들어올 수 없는 깊은 골목들을. 거기서 신나게
뛰어다니는 아이들을. 마루에 앉아 떨어지는 비를 바라보는
어머니를. 부챗살 같은 처마 아래로 퍼지는 부드러운 저녁 빛을.
그러니까 내 어릴 적 수많은 장면을. 그때부터였을 것이다. 타향인
전주가 도무지 남 같지 않았던 것이. 방을 잡고 살림을 내야겠다고
은연중에 결심한 것이.

*

그리고 3년 전에, 전입신고를 하고는 여행자가 아니라 거주자로
전주 생활을 시작했다. 전주에 친구란 후배 한 사람뿐이었고,
그때까지의 삶의 기반 역시 서울에 있어 어쩔 수 없이 전주와
서울을 자주 오가야 하는 신세였다. 그렇게 서울에 올라갈
때면 이상하게 스스로가 낯설어졌다. 출근하고 또 귀가하는
서울의 길들은 차들과 인파로 온통 빽빽했고 날카로운 소음으로
가득했다. 밤이면 말없이 차분해지는 거리, 가로등 불빛이 순하게
낡은 벽을 비추는 골목이 문득 그리웠다. 시키지도 않은 접시를
내놓고는 맛이나 보라고 무뚝뚝하게 대꾸하는 술집 이모들의
온기도 거기 한몫 했을 것이다. 그리하여 나는 고향인 서울에서,
턱없는 향수병을 앓곤 했다. 우울해 드러누운 날에는 신탁처럼
전주가 떠올랐다. 교동의 한적한 골목, 산성의 바람 부는 소리와
하늘거리는 삼천의 억새밭이. 진북의 고요한 성당과 동고사에

이르는 가파른 고갯길이.

　전주역 승강장에서 용산행 새마을호 마지막편을 타던 날은, 내가 전주 생활을 정리하고 서울로 올라가는 2012년 늦가을이었다. 바리바리 짐을 싸서 등에는 배낭을 메고 왼손으로는 여행용 대형 캐리어를 끌고 집을 나서는데, 담장 위로 높이 솟은 가지 위로 매달린 붉은 감들이 등롱처럼 나부끼면서 꼭 손을 흔들어주는 것 같아 그만 뭉클해졌다. 돌아보았을 때, 내가 살았던 골목은 어둠에 묻혀 미동도 않고 정지화면처럼 그 자리에 붙박여 있었다. 나는 눈을 크게 떴다 다시 감으면서 그 장면을 사진기도 없이 찍었다.

　그날 서울행 열차는 10분을 연착해 뒤늦게 승강장에 진입했는데, 나는 그 10분간 서울로 돌아가는 삶을 얼마나 망설였는지 모른다. 가능하기만 했다면 10분이 아니라 10개월, 10년 더 지연시켜 내가 미처 보지 못한 순간들을 두루 겪어내고 싶었다. 올라간다고 해서 전주와 인연을 끊을 것도 아니면서, 왜 그렇게 잔망스레 '정리'라는 감정에 휩싸였는지 모르겠다.

*

여수의 바닷가에 정차했던 열차는 밤이 이슥해지면서 이윽고 몸을 턴다. 승강장엔 다시 불이 켜지고 철로 곁의 붉은 신호등은 노랗게 깜빡인다. 기관사와 차장이 무전기로 신호를 주고받는 사이, 멀리 떠나는 이들이 속속 객차에 올라선다. 자리는 드문드문 비어 있다. 기차는 짧게 포효하고, 천천히 북진한다. 바다를 뒤로 하고 내륙으로 파고든다. 그날의 마지막 열차편이다.

　차를 보낸 여수역이 불을 끄고 바야흐로 잠들려 할 때, 열차의 진행방향 그 너머로는 가까운 역들이 반대로 차례차례 밤을 밝힌다. 여천과 순천이 먼저 환해져서 승객을 채근하며 부산해지고 기차는 뒤이어 도착해 역을 위무하듯 어루만지고는 다시금 야간을 향해 떠난다. 열차는 구례에 들어서면서 이윽고 밤 이슬을 떨어내지만 또한 곧 지리산 기슭을 거쳐가야 할 터였다. 벌써 자정 무렵이다.

한숨을 뱉고 출발한 기관차는 지리산 그늘을 오른편 차창에 끌어다 덮고는 심야의 승객들을 재운다. 꿈틀거리며 곡성과 남원을 들렀다가 00시 51분에 전주역에 도착할 것이었다. 2분간 사람들을 내리고 태우고는 순식간에 캄캄해지는 기와지붕 역사를 등진 채 깊이 북상할 예정이다.

기차는 이후로도 익산과 논산, 서대전을 거치고 천안, 수원에 들르면서 한반도 이남의 핵심도시와 서남부의 주요 고장을 한 줄로 연결한다. 전주에서 서울로 가는 가장 늦은 대중교통편인 이 새마을호 열차는 거의 완행에 가깝다. 원래는 무궁화호였을 운행 경로를 조금 손봐 등급을 올려둔 것일 게다.

뒤늦은 시각에 떠나주는 덕분에 이 기차는 아침부터 바쁘게 움직여야 하는 귀성객들과 하룻밤 불편은 충분히 감당할 수 있는 젊은이들, 술잔을 부딪히다 마지막 고속버스를 놓친 취객들에게 아주 유용한 탈것이 된다. 전주시외버스터미널의 서울남부터미널행 막차는 저녁 9시 15분이 끝이고 전주고속터미널의 서울 강남센트럴시티행 막차는 자정이 마지막이다. 만석이 되는 경우가 거의 없어 대개 예약을 필요로 하지 않는다는 점까지 감안하면 새마을호 심야열차편은 가장 편안한 서울행 야간좌석이라 할 수 있겠다. 거기에 화장실도 있고, 객차 내 이동판매원까지 있으니

말이다. 특히 여행객들은 밤샐 각오를 하고 이 기차편을 이용해
무박 2일 일정을 짜기도 한다. 낮에는 종일 전주 곳곳을 돌아다니다
저녁에 만찬을 즐기고 밤이면 막걸리집과 가맥집까지 두루
순례하고서 자정 넘어 이 기차를 타면 되는 것이다. 밤 기차에서 캔
맥주를 건배하면서 길고 바지런했던 일정을 편안하게 돌아볼 수도
있으니. 실제로 용산행 심야 새마을호를 타고 보면 가벼운 복장으로
놀러온 청춘들이 적지 않다.

새벽빛이 어슴푸레한 03시 53분경, 열차는 용산에 멈춰 서
밤을 견뎌온 사람들을 부려놓겠다. 하루가 일찍 시작되는 서울의
한복판에, 밤을 모르는 대도시의 백야에.

*

한밤중이다. 꼬마 아이 하나가 전라선 전주역 서울행 열차의 창가
좌석에 앉아 있다. 남자아이다. 예닐곱 살 정도 된 것 같다. 왼손에는
삶은 계란 한 알, 오른손에는 빨대가 꽂힌 사이다 병 하나를 쥐고
있다. 사람들이 드나들고 간혹 소란스러워지는 낯선 환경에 아이는
자꾸 두리번거린다. 몇 번 등을 쓸어주던 옆좌석의 어머니는 기차가
덜컹거리면서 역을 출발하자 마음을 놓고는 잠에 빠져든다. 아이는
창밖을 바라본다. 차창으로 스크린이 펼쳐진다. 풍경이 연이어
달려와 창문에 달라붙었다가 획 뒤처지면서 희미한 잔상으로
변해 새로운 경관과 잠깐 포개진다. 꼬마는 눈을 깜빡인다. 계속
달라지는 풍광이 신기하다. 집이 나타났다가 숲이 눈에 들어왔다가
반대편으로 기차가 지나가고 또 강이 묵묵히 밀려온다. 갑자기
깜깜해질 때면 순식간에 화면이 사라지고 오두카니 바깥을

바라보는 아이의 모습이 되비친다. 그는 싫증낼 줄 모른다. 제 손에 뭐가 들려있는지도 잊어버린 듯 하다. 객차의 진동에 몸이 살짝살짝 흔들리지만 멀미조차 앓지 않는다. 종착역을 알리는 스피커 음이 들리고 그제야 일어난 어머니가 외투를 다시 입혀줄 때까지 꼬마는 창이 쏟아내는 그림과 고동치는 심장소리에 넋을 놓고 있다. 그리고 암전(暗轉).

*

삼십 년도 더 지나 이제 중년이 된 꼬마아이가 그때처럼 다시 전주에서 심야열차를 탄다. 기차는 낮 꿈처럼 휘황하고, 깨기 직전처럼 컴컴한 서울의 새벽으로 다시 움직인다. 그 요란스런 한 세상의 입구에서, 그는 두고 온 동네, 전주, 그 지분한 거리를 다시 떠올려본다. 환영처럼 혹은 후회처럼.

*

『제주 풍경화』에 이어 두 번째 책을, 그것도 전주에 대해 쓸 수 있게 해준 전주국제영화제의 전·현직 모든 분께 깊이 감사드린다. 북코리아 출판사의 이찬규 대표님께도. 작업실을 흔쾌히 빌려주신 빙글(vingle.net)의 호성동 대표님과 문지원 대표님, 비키(viki.com)의 구경현 실장님께 특별한 고마움을 전한다. 교정을 봐주신 배영란님께도. 이제 정말로 내 청춘이 끝났음을 알겠다. 그 푸른 옷의 끝자락을 전주에 가탁할 수 있어 행복했다.

부록   1

계절별 여행코스

전주의 봄은 전주동물원 벚꽃 야간개장의 계절(매년 4월 중순 즈음, 동물원 홈페이지 참고)이고 또한 전주국제영화제(매년 4월 말~5월 초, 영화제 홈페이지 참고)의 한철이기도 하다. 또한 완산칠봉의 나지막한 동산인 투구봉의 황홀한 꽃시절이기도 하다. 일정을 투구봉 꽃동산 나들이를 기본으로 동물원 야간개장이나 전주국제영화제에 맞추면 최적의 여행이 된다.

1-1 봄(전주국제영화제 기준, 2박 3일)

1일 정혜사 → 완산칠봉 → 투구봉 꽃동산 → 남부시장에서 점심식사 → 풍남문 → 경기전 → 전동성당 → 한옥마을 → 오모가리탕으로 저녁식사 → 숙박

2일 삼백집 또는 현대옥 콩나물국밥으로 아침식사 → 영화의
거리에서 전주국제영화제 상영작 관람 → 은행집 또는
한국식당 백반으로 점심식사 → 영화의 거리에서 펼쳐지는
축제, 무료 공연 등 구경 → 객사 → 경원동 막걸리 촌이나
삼천동 막걸리 촌에서 저녁식사 겸 막걸리 시음 → 숙박

3일 영화의 거리에서 아침식사 → 오전 축제 구경 및 상영작
관람 → 전주비빔밥으로 점심식사 → 치명자산 →
산상기념성당 → 동고사 → 귀가

1-2 **봄(전주동물원 벚꽃 야간개장 기준, 1박 2일)**
1일 정혜사 → 완산칠봉 → 투구봉 꽃동산 → 남부시장에서
점심식사 → 소리문화의 전당 구경 및 생태습지 마당재
산책 → 저녁식사 → 오후 5시쯤 미리 전주동물원에 입장 →
동물원 구경 → 밤부터 야간 벚꽃산책 → 숙박

2일 콩나물국밥으로 아침식사 → 한옥마을 → 경기전 →
전동성당 → 풍남문 → 남부시장에서 점심식사 → 치명자산
→ 산상기념성당 → 동고사 → 귀가

전주의 여름은 뭐니뭐니해도 덕진공원의 연꽃이 뭉게뭉게
피어나는 즈음이 제일이다. 전주는 한반도 이남에서 가장 더운 곳
중 하나이므로 한낮에는 박물관 같은 실내 장소에서 햇볕을 피하고
저녁에는 전주천변에서 맥주를 마시면서 시원하게 보내는 일정을

추천한다.

2   여름(1박 2일, 덕진공원에 연꽃 피는 6월 말~7월경 추천)

1일   덕진공원 연꽃 구경 → 공원 정문 근처에서 점심식사 →
전북대 박물관 관람 → 전주한지박물관 구경 → 늦은 오후에
황강서원 및 문학대공원 산책 → 한벽루 → 남부시장에서
저녁식사 → 전주천변 산책 → 천변에서 맥주 또는
가맥집에서 맥주 → 숙박

2일   콩나물국밥으로 아침식사 → 전동성당 → 경기전 →
한옥마을 → 전주비빔밥 또는 백반으로 점심식사 → 600년
은행나무길 산책 → 동학혁명기념관 답사 → 한옥카페에서
휴식 → 귀가

전주의 가을은 모악산 붉은 단풍으로 시작해 노란 은행잎 주단 깔린
전주향교 산책으로 마무리하는 게 좋겠다. 걷기 좋은 계절이니
산자락에 자리한 고고한 사찰들을 아울러 둘러보면 마음까지
그윽해질 것이다. 특히 전북도립미술관에서 대원사 거쳐 금산사로
내려오는 산행을 하면 좋은데, 꽤 팍팍한 길이고 이 일정만 5시간
정도 걸리니 이 일정은 꼬박 하루 코스로 잡길 바란다. 그 길이
힘들긴 해도 아름다움으로 가득 차 있다.

3   가을(2박 3일)

1일   아침에 전북도립미술관 관람 → 모악산 등반로에서

　　　　　점심식사 포장 → 대원사 쪽으로 등반해 금산사로 내려오는
　　　　　5시간 코스 → 금산사 주차장에서 79번 버스로 한옥마을행
　　　　　→ 한옥마을에서 저녁식사 → 숙박

2일　　　콩나물국밥으로 아침식사 → 동문거리 답사 → 경기전,
　　　　　전동성당, 한옥마을 구경 → 남부시장에서 점심 식사 →
　　　　　택시로 남고사 도착 → 만경대, 억경대 구경 → 산성마을로
　　　　　걸어 내려와 벽화 구경 → 막걸리 촌에서 식사 겸 막걸리
　　　　　시음 → 숙박

3일　　　백반으로 아침식사 → 한벽루 → 전주향교 구경 → 점심식사
　　　　　→ 전주천 산책 → 최명희문학관 관람 → 귀가

전주의 겨울은 하얀 눈 소복이 쌓인 한옥지붕의 부드러운 곡선감을 만끽하는 게 제일이다. 날이 추우니 복장을 든든히 채비하고 때때로 실내 관람시설을 이용해 매서운 한파를 피하면서 움직이는 게 좋다.

4　　　겨울(1박 2일)

1일　　　경기전 → 전동성당 → 오목대에서 한옥마을 굽어보기
　　　　　→ 한옥마을 → 한옥마을 또는 남부시장에서 점심
　　　　　식사 → 남부시장, 청년몰 구경 → 국립전주박물관과
　　　　　전주역사박물관 구경 → 막걸리 촌에서 식사 겸 막걸리 시음
　　　　　→ 숙박

2일   콩나물국밥으로 아침식사 → 전주도립미술관 관람 →
       모악산 등반로에서 점심 식사 → 영화의 거리로 이동 →
       빈센트 반 고흐 또는 한옥카페, 빈티지 카페에서 커피 →
       귀가

좋은 여행지는 날씨를 가리지 않는다. 비가 내릴 때 더욱 푸근하고 돈독해지는 곳들을 꼽았다. 우산 하나면 둘이 더욱 살가워질 수 있다. 비를 핑계로 여행을 포기하지 마라.

5   비(당일 여행)
       전주동물원 호젓한 산책 → 덕진연못 우중 나들이 →
       덕진공원 정문 앞 커피발전소 → 국립전주박물관과
       전주역사박물관 → 전주향교 → 영화의 거리 빈센트 반 고흐
       카페나 한옥카페 → 귀가

부록 2

가족이나 아이들과
함께 들러보면
더 좋은 곳들

전주를 가장 집약적이고 효율적으로 느껴볼 수 있는 장소를
꼽으라면 맨 먼저 박물관이 떠오른다. 전주에는 국립전주박물관,
전주역사박물관, 전주한지박물관, 어진박물관 등 여러 곳이
있으며 그밖에도 함께 둘러볼 만한 곳으로 한국소리문화의 전당과
한국도로공사수목원이 있다.

[국립전주박물관]
국립전주박물관은 1990년에 개관한 전라북도의 대표적인
박물관으로서 고고, 미술유물과 민속자료 등 3만여 점을 소장하고
있으며 5개 전시실과 야외전시장, 문화체험관까지 갖춰 깊고
폭넓은 문화체험이 가능하다. 특히 고대문화실과 미술실에
유서깊은 전시물이 많으며 야외 전시장에도 놓치지 말아야 할
유물들이 적지 않다. 볕 좋은 날 아이들 손을 잡고 나들이하기 좋다.
평일 9시부터 18시까지 개관하며 1월 1일과 매주 월요일 휴무.

전주 완산구 효자동 2가 900에 위치, 전화번호는 063-223-5653. 홈페이지는 http://jeonju.museum.go.kr

전동성당(한옥마을) 정류장이나 북문(영화의거리) 정류장에서 남부시장 방면으로 가는 61번, 644번, 684번, 814번, 807번, 817번 등을 타면 30분 정도 걸린다. 택시나 렌터카를 이용할 경우 전주역에서 약 30분, 고속·시외버스터미널에서는 약 20분 정도 걸린다. 국립박물관 경내에 휴게실이 있어 간단한 식사 정도는 가능하며, 정문 건너편에 '박물관 쟁반짜장(063-226-7161)'이 있는데 비교적 괜찮은 중국음식점이다. 가까이는 숙박업소가 없으니 한옥마을이나 영화의 거리 쪽 숙박을 추천한다.

[전주역사박물관]

'전주학의 중심지'를 표방하는 전주역사박물관은 국립전주박물관 바로 옆에 자리하고 있어 함께 둘러보기에 알맞다. 국립전주박물관이 굵직굵직한 전북의 역사를 다룬다면 전주역사박물관은 전주의 역사를 섬세하게 탐침한다. 특히 동학농민혁명에 대해 아주 잘 정리되어 있으며 전주의 변화와 움직임을 꼼꼼히 포착해 놓아 '살아있는 전주'를 그대로 느끼게 해주는 탁월한 박물관이다. 평일 9시부터 18시까지 개관하며 1월 1일과 매주 월요일 휴무.

전주 완산구 효자동 2가 892-1에 위치, 전화번호는 063-228-6485~6, 홈페이지는 http://www.jeonjumuseum.org

교통이나 식당 정보는 위의 국립전주박물관과 동일.

[전주한지박물관]

전주한지박물관은 전통적인 한지 문화를 깊이 있게 조명한 국내 유일의 한지전문박물관이다. 한지제작 과정에서부터 한지공예작품에 이르기까지 다양한 한지의 쓰임새와 아름다움을 세세히 맛볼 수 있다. 한지재현관, 한지역사관, 한지미래관, 기획전시실, 한지생활관 등을 갖추고 있으며 직접 한지를 만들어볼 수도 있어 아이들의 호응이 좋다. 평일 9시부터 17까지 개관. 매주 월요일과 1월 1일, 설 및 추석 연휴에는 휴관한다.

전주시 덕진구 팔복동 2가 180번지 전주페이퍼공장 내에 있으며 전화번호는 063-210-8103. 홈페이지는 http://www.hanjimuseum.co.kr

전동성당(한옥마을) 정류장이나 북문(영화의 거리), 전북은행 경원지점(영화의 거리)정류장에서 전북대 방면으로 215번, 221번, 225번, 231번, 235번, 241번, 245번, 251번, 291번 등을 타고 팔복남양아파트 정류장에서 내리면 된다. 약 30분 정도 걸린다. 사거리 건너편에 전주페이퍼공장이 있고 그 안에 한지박물관이 있다. 근처에는 그만그만한 식당이 좀 있는 편이며, 가까이는 숙박업소가 마땅찮으니 한옥마을이나 영화의 거리 쪽, 또는 덕진공원 쪽 숙박을 추천한다.

[어진박물관]

조선 태조(이성계)의 어진(초상화)이 보관되어 있는 곳으로 경기전 경내에 있다. 지상 1층, 지하 1층 규모로 어진실과 가마실, 역사실, 수장고, 기획전시실 등을 갖추고 있다. 현존하는 유일한 태조

어진을 소장하고 있으며 세종, 영조, 정조, 철종, 고종, 순종 여섯 분의 어진도 전시되고 있어 경기전과 함께 관람할 만하다. 평일 9시부터 18시까지 개관하며, 매주 월요일과 1월 1일은 휴관한다. 전주시 완산구 태조로 44, 경기전 정전의 뒤편, 조경묘 오른편에 자리하고 있으며 전화번호는 063-231-0190, 홈페이지는 http://www.eojinmuseum.org

어진박물관 관련 식당, 숙소, 교통 정보는 경기전 편을 참고하시라.

[한국소리문화의 전당]

부지 3만여 평, 연건평 1만여 평에 이르는 지하 1층, 지상 3층의 대형 복합문화예술공간으로 2,037석 규모의 모악당, 666석 규모의 연지홀, 206석 규모의 명인홀, 7,000석 규모의 노천극장을 갖추고 있다. 매년 세계소리축제(판소리에 기반한 국제적 음악제로 9월 개최, http://www.sorifestival.com)가 열리는 곳으로 판소리 공연뿐 아니라 클래식 음악, 대중음악 공연 등을 수시로 개최하여 전주 시민들의 많은 사랑을 받고 있다. 건축미가 빼어나고 여유롭게 산책할 공간이 많아 가벼운 소풍이나 데이트에도 알맞다. 버스로 한 정거장, 걸어서 7분 정도 거리에 전주동물원이 있으니 같이 즐겨도 좋겠다. 내부에 카페테리아가 있어 간단한 식사가 가능하며 제2주차장 건너편에 비빔밥과 청국장을 잘 하는 식당 '비빔소리'(063-253-2589)가 있다. 전주시 덕진구 덕진동 1가 산 1-1에 자리하고 있으며 전화번호는 063-270-8000, 홈페이지는 http://www.sori21.co.kr 교통, 숙박업소 등은 전주동물원 편 참고.

[한국도로공사수목원]

전주시 덕진구 반월동 848-39에 자리 잡은 33만여 m^2의 중대형 수목원으로 장미원, 죽림원, 남부수종원, 약초원, 암석원 등 9개의 전문 정원을 갖추고 있다. 면적이 넓고 방대하면서도 아기자기하게 잘 꾸며놓아 사시사철 숲의 그늘 아래 산책하기 알맞은 곳이다. 간단히 돌아보는 데만 2시간 정도, 꼼꼼히 보면 4시간가량 걸린다. 전주월드컵경기장 부근, 전주요금소 옆에 위치하고 있어 전주의 다른 명소들과는 꽤 거리가 있다는 것을 참고하라. 그러나 살랑살랑 데이트를 하거나 가족나들이 장소로는 더없이 아늑한 곳이다.

한옥마을(전동성당) 정류장에서 전북대 방향으로 가는 버스 423번, 424번, 428번을 타면 1시간 정도 걸려서 수목원 정문 앞에 바로 내려주지만 배차시간이 80분 정도로 길어 택시를 타거나 렌터카를 이용할 것을 추천한다. 수목원 내에 간단히 식사할 곳이 있다. 전화번호는 063-212-0652 , 홈페이지는 http://arboretum.ex.co.kr

부록 3

전주 음식

1 뜨겁고 목마른, 전주식 '콩나물국밥'

전주의 가장 사랑받는 음식, 막 젖을 떼고 밥을 먹기 시작한 어린아이에서부터 정갈하면서도 든든한 식사를 고집하는 젊은 남녀, 속풀이를 위해 시원한 국물을 찾아온 중장년층, 술술 잘 넘어가는 편안한 한 끼를 원하는 어르신들까지 5천 원짜리 한 장으로 모두 만족시킬 수 있는 먹거리를 꼽자면 제일 먼저 떠오르는 이름은 하나다. 보글보글 자글자글 전주 콩나물국밥.

전주식 콩나물국밥엔 두 가지 형태가 있다. '끓여먹는' 국밥과 '말아먹는' 국밥. 전자를 '삼백집' 스타일, 후자를 '남부시장' 스타일이라고 통칭한다. 이 두 가지 스타일은 언뜻 비슷하면서도 완연하게 달라 여러 번 맛을 보면 각각의 특징이 두드러지는 것을 알 수 있다. 우선 '끓여먹는' 일명 삼백집 스타일은 뚝배기에 밥,

삶은 콩나물, 육수를 넣고 끓이면서 마지막으로 날계란을 넣어
완성하는 형태로 보통 계란 프라이가 함께 제공된다. 이러한
콩나물국밥은 육수와 콩나물과 밥, 계란이 양념과 조화롭게
어울리는 구수하면서도 깊고 담백한 국물맛이 특징이다. 한편
'말아먹는' 일명 남부시장 스타일은 식힌 밥과 삶은 콩나물을
뚝배기에 담고 거기다 끓는 육수를 부어서 완성한다. 계란은
뚝배기에 넣지 않고 반숙 상태의 수란으로만 제공이 되는데, 이
수란에 콩나물국밥의 국물을 예닐곱 숟가락 넣고, 김을 2~5장 정도
부셔서 뿌린 뒤 저어 먹으면 또 하나의 별미다. 이러한 스타일은
개운하면서도 시원하여 먹기 편하고 소화도 잘 된다는 장점이 있다.

    콩나물국밥을 시켜놓고 상이 차려지길 기다리면서 주방을
엿보고 있자면, 뭔가 엄숙하고 성스러운 작업이 저기에서 비롯되고
있구나 싶은 생각이 들곤 한다. 고참 아주머니께서 땀을 훔쳐내면서
쉼 없이 끓여내는 맑은 육수, 나물과 장조림과 김치를 알싸하게
'훑이는' 찬모님들의 손매, 뜨끈한 국물을 바가지에 담아 몇 번에
걸쳐 뚝배기에 담고 따르고 담고 따르고 하는 마지막 매무새를
지켜보노라면 밥 한 끼에 걸쳐있는 여럿의 손길이 한없이 정겹고
고마웁게 여겨지는 것이다. 안도현의 시구처럼 저토록 내가
누구에게 뜨거운 순간이 있었던가를 자문하게 만드는 거룩한
음식이 바로 전주식 콩나물국밥인 셈.

    막걸리에 생강, 대추, 감초 등 여러 가지 한약재를 넣고 푹
끓여낸 모주를 곁들여 콩나물국밥을 주문해 보시라. 술기운은
사라지고 한결 부드러워져 입안에 착착 감기는 모주와 국밥은 또
얼마나 잘 어울리는지. 말끔하게 바닥까지 비우고 나면 당신도

필자와 똑같이, 전주식 콩나물국밥의 성실한 신도로 변해있는 자신을 발견할 것이다

- 대표적 콩나물국밥집

왱이집　전주시 완산구 경원동 2가 12-1(동문 문화의 거리),
　　　　063) 287-6980, 24시간 운영
삼백집　전주시 완산구 고사동 454-1(영화의 거리 부근),
　　　　063) 284-2227, 24시간 운영
현대옥　전주시 완산구 중앙동 1가 31-1(영화의 거리 부근),
　　　　063) 231-5122, 24시간 운영
　　　　전주시 완산구 전동 3가 2-242번지 남부시장 2동 74호,
　　　　063) 282-7214, 06시~14까지만 운영

2　오색오미 남김없이 한 그릇에, '전주비빔밥'

전주에 산다고 하면 으레 받게 되는 질문이 하나 있다. "전주에 비빔밥 맛있게 하는 맛집이 어디야?" 자주 듣는 물음이지만 한편으론 가장 대답하기 곤란한 요청이기도 하다. 우선 전주 사람들은 비빔밥을 맛보기 위해 딱히 식당을 찾지 않는다. 식당 비빔밥의 품질이 낮아서 그런 게 아니다. 분식집 비빔밥도 괜찮고, 이름난 전문식당의 비빔밥도 훌륭하다. 그렇지만 집에서 해먹는 비빔밥도 그에 못지 않다. 전주토박이에게는 그저 외식으로 사먹는 비빔밥이 익숙하지 않은 것이다. 주로 전주 바깥에서 사람들이 찾아올 때 추천 코스 가운데 하나로 비빔밥을 찾게 되는데,

분식점이든 식당이든 유명전문점이든 비빔밥에 관해서는, 누구도
솜씨를 한풀 접어줄 생각이 없는 고장답게 어느 한 군데 제쳐놓을
곳이 없다. 비빔밥뿐 아니라 모든 음식의 경우를 통틀어 그것이
바로 전주의 특색이기도 하다. 한 마디로, 전주는 '맛'있다.

    비빔밥 전문식당에 한해 이야기를 풀어보자면, 전주의
비빔밥은 한 그릇에 펼쳐진 색색의 고명과 나물과 밥의 조화에
머물지 않는다. '맛의 고장' 전주답게, 비빔밥 한 그릇이 나오면서도
상에는 맛깔나는 반찬들이 화려하게 곁들어진다. 주인장이 밥을
직접 비벼주시는 '성미당'이나, 밥을 비벼주진 않지만 상차림이
곱고 화사한 '가족회관' 등 전주의 이름난 비빔밥집들은 하나같이
단품요리(單品料理)를 제공하는 데 그치는 것이 아니라 젓가락이 쉴
새가 없는 미각의 다채로운 여행을 선사해준다.

    전주비빔밥은 와인과 닮은 데가 있다. 아니, 그 이상이다. 눈(색),
코(향), 귀(소리), 입(맛)으로 한 번씩 즐기라는 와인의 시음 방식처럼
전주비빔밥도 오감을 모두 사용해 속속들이 그 맛의 가장 깊은
골짜기까지 남김없이 누릴 수 있는 까닭이다. 눈으로 비빔밥 위에
올려진 오색찬란한 고명의 아름다움을 감상하고, 고소한 참기름
향을 음미하면서, 찰지게 비벼지는 밥알의 소리를 듣고, 입안 가득
음식을 맛보는 것에 더해, 이 모두가 한데 어울린 그릇과 상의
현란한 하모니를 즐기는 것이 전주비빔밥을 제대로 경험하는
방법이다.

    전주비빔밥은 사용되는 모든 재료가 음양오행설에 근거를
두고 오색오미의 맛과 멋의 조화를 이루고 있다고 한다. 이
전통에 더하여 최근 전주시에서는 비빔밥을 '한국음식의

세계화'를 이끌어가는 선봉장으로 개발하는 데 힘을 쏟고 있다고 한다. 간편하게 전자레인지로 덥혀 먹을 수 있는 테이크아웃형 전주비빔밥과 우주공간에서도 먹을 수 있는 비상식 전주비빔밥까지 경계를 넘어 끝없이 영토를 넓혀갈 기세다. 하지만 그런들 어떠하고 아닌들 어떠하랴. 전주비빔밥은 지금도 이미 충분히 만족스럽고 행복한 한 끼의 완성형인 것을. 2010년부터는 "한바탕 전주, 세계를 비빈다."라는 표어를 걸고 전주비빔밥축제가 매년 열린다. 비빔밥에 담긴 '비빔'이란 결국 내 자신을 넘어 타인과 대화하고 세계와 더불어 숨쉬며 생명과 교감하라는 인간의 오래된 지혜일 것이다. 그 지혜 한 그릇을 숟가락에 듬뿍 퍼 입에 가져가 보라. 그 순간 티 없이 행복해질 터이니.

- 대표적 비빔밥 전문식당

성미당   전주시 완산구 중앙동 3가 31-2(동문거리 건너편), 063) 284-6595

가족회관   전주시 완산구 중앙동 3가 80(동문거리 건너편), 063) 284-0982

한국집   전북 전주시 완산구 전동 2-1(경기전 부근), 063) 284-2224

3 정성과 솜씨, 생명의 향연인 '한정식'

전주는 예로부터 서해에서 공수한 신선하고 해산물과 평야 지대에서 다양하게 재배된 곡식, 주변 산간지역에서 자란 각종 나물

등 음식의 재료가 풍부하여 음식의 맛과 다양성이 빼어났다. 그 고갱이가 바로 전주의 '한정식'이다. 이 '한정식'은 전주의 다른 전통 음식들에 비해 역사가 짧다는 오해가 있는데, 그것은 음식의 연원이 오래되지 않았다는 의미가 아니라 단순히 그 명칭이 불려진지 얼마 되지 않았다는 뜻이다. 원래는 전주의 가정식 백반으로 이어져 내려오다가 상업적 판매를 위해 일제시대에 상품화된 것이 '한정식'인 것이다. 그러니 '백반'과 '한정식'은 그 뿌리가 같은 한국의 전통 가정식이다. 대체로 음식의 가짓수가 많고 상차림이 화려할수록 '한정식', 그리고 단순하고 소박할수록 '백반'으로 불릴 따름이다. 대외적으로는 '한정식' 집과 '백반' 집을 나눠 구분하므로 따로 소개한다.

  우리 음식은 궁중음식과 사대부들이 먹던 음식의 격이 크게 다르지 않았다. 왕가와 양반가 사이에 혼례로 인연을 맺었던 풍습으로 궁중의 음식문화는 대궐 안팎을 넘나들며 사대부집 부엌으로 흘러들어온다. 그리하여 조선의 명문 사대부 집안에서는 임금의 '수라상'에 버금가는 '한정식'을 교본으로 삼았는데, 식재료가 다양한 전주의 양반들은 그중에서도 가장 풍요로운 상차림을 자랑했다.

  '한정식'에서 살펴볼 수 있는 가장 큰 매력은 '어머니'의 손맛보다는 객을 대하는 '안주인'의 정성이다. 우선 상에 차려지는 음식의 가짓수와 그 조리방법부터가 한 사람의 손을 거쳐 이루어지기 어렵다. 여러 사람이 한 상차림에 정성을 다하고, 그 상의 쓰임에 따라 내용의 차이도 보인다. 총주방장에 해당하는 '안주인'은 여럿의 정성과 솜씨를 모아 상 위에 다채로운 조화를

담는다. 우리 식사예절은 여러 종류의 포크와 나이프가 구분되는
복잡한 성질의 예법과 다르니, 부담가지지 말고 어려서부터
부모님께서 일러주신 대로 음식물을 다 씹고, 말을 하며, 숟가락과
젓가락을 한 손에 동시에 들고 먹지 않고, 무엇보다 즐겁게
식사함으로써 또한 대접하는 이의 마음에 보답하면 되는 것이다.

    한정식집에 가면 이른바 '상견례'를 위해 식당을 찾은 손님들을
흔히 볼 수 있다. 자리가 자리다 보니 눈앞에 놓인 음식을 다양하게
맛보기도 어렵고 그릇에 담긴 정성이나 상에 펼쳐진 조화로운
품새를 느긋하게 감상하기도 쉽지 않다. 그러나 음식은 인사의
곁들이나 만남의 보조 수단으로만 삼기에는 그 자체가 소중한
노동의 결과이며, 문화의 정수인 까닭에 가급적 편안한 자리에서
좋은 이들과 한 가지 한 가지의 맛을 속속들이 즐겨보시라 권하고
싶다. 한정식이란 결국 그저 가짓수를 되는 대로 늘려낸 헛밥이
아니라 그 전체가 오케스트라와 같은 정성과 솜씨, 생명의
향연이므로.

- 가격과 상차림에 따라 다양한 식당이 있어 한정식 전문점은 따로
  추천하지 않는다. 양해를 부탁드린다.

4   전주의 '백반' 집에 담긴 오래된 풍경

백반은 그 이름에서 알 수 있듯 흰밥에 국과 반찬을 곁들여 내는
평범한 상차림인데, 유독 '전주 백반'이 유명한 이유는 반찬의
가짓수가 '한정식'에 버금가기 때문이다. 국, 찌개, 생선구이,

고기볶음, 전, 나물, 무침, 잡채, 찜, 데침, 조림, 젓갈... 그럼에도
가격이 일반 직장인들의 점심식사 비용과 별반 다르지 않다는 점이
빼놓을 수 없는 특징이다. 현재는 물가 상승률에 맞춰서 7천 원
이쪽저쪽이 되었는데 몇 년 전까지만 해도 대부분 5천 원 이하였다.
전주 사람들이야 값이 올랐다고 울상이지만, 타지 사람들은 그
상차림을 보고 7천 원도 한참 싸다고 한다. 손님으로 백반집에 앉아
상을 받아보면 '이렇게 팔면 손해 보지 않을까?' 하는 때아닌 걱정이
든다. 그 정도로 전주 백반은 풍성하다 못해 빼곡한 반찬 수를
자랑한다.

　　주인장의 그런 인심은 가족을 대접하는 '어머니'의 마음과
맞닿아 있다. '한정식'이 사대부 '안주인'의 정성이었다면, '백반'은
여염집 '어머니'의 손맛이다. 따뜻한 밥 한 끼가 상징하는 진심과
실용을 한 상에 담아낸 음식이 바로 전주 백반인 것. 수화기 너머로
들려오는 "밥은 잘 먹고 다니냐?"는 어머니의 안부를 그대로 상에
옮겨낼 수 있다면, 그것이 곧 전주 백반이라 할 것이다. 같은 7천
원짜리 백반이라도 남자 손님에겐 밥을 더 꾹꾹 눌러 담아주는
주방의 배려는 이러한 해석이 부풀린 것이 아님을 알게 한다. 아주
고급한 재료나 근사한 차림새만 제외하고 있는 것들을 최대한
참되고 성실하게 담아내고자 하는 마음을 조미료 삼아 육해공
다양한 재료에 버무린 백반은 그야말로 진수성찬이다. 전주의
백반집들은 서민적인 비용으로 이를 즐기려는 손님들로 식사
시간이면 늘 문전성시를 이루는데, 그 풍경은 시간을 거슬러
조선시대 오일장터 주막의 분주한 끼니때와 별다르지 않을 것이다.
주인의 살뜰한 마음씨와 손님들의 편안하고 만족스런 표정이

어울리는 전주의 백반집, 모두에게 권한다. 망설임 없이.

- 대표적 백반집

정집　　　　전주시 완산구 전동 308-181(남부시장 6동 88호),
　　　　　　010-6678-5770
한국식당　　전주시 완산구 중앙동 4가 34(구 도청, 완산경찰서 부근),
　　　　　　063) 284-6932
　　　　　　한국식당 주변에는 이 외에도 지연식당, 한밭식당 등
　　　　　　비슷한 백반집이 많다.
은행집　　　전북 전주시 완산구 다가동 3가 47-2(영화의 거리 부근),
　　　　　　063) 286-4766

부록   4

전주 게스트하우스

혼자 여행할 때 가장 적합한 숙소는 게스트하우스일 것이다. 가격이 저렴하고, 1인 여행자들끼리 뭉칠 수 있으며, 곳에 따라 아침식사가 제공되는 곳도 있어서 여러모로 편리하다. 또 짐을 보관해주거나 자전거를 빌릴 수도 있어 여행을 더 편리하고 내실 있게 만드는 데도 도움이 된다. 특히 홀로 걸어서 여행 다닐 작정을 하고 있는 여성분이라면 게스트하우스가 안전과 편의성 모두에서 괜찮은 선택이 될 것이다.

일반적으로 게스트하우스라면 여럿이 방(도미토리)을 같이 쓰는 대신에, 침대를 개별로 사용하는 방식의 숙박을 의미한다. 최근에는 전주에도 이러한 게스트하우스가 많아지고 있어 모텔 숙박이 껄끄럽거나 비용이 부담스러운 분들에게 훌륭한 대안이 되고 있다. 전주에는 이 밖에도 한옥집을 개조한 게스트하우스, 가격은 약간 비싸지만 개별 숙식공간을 보장하는 게스트하우스도 생겨나기 시작해 눈길을 끈다.

업소명	형태	비용	주소/연락처	기타
전주 게스트하우스	도미토리와 2인실, 4인실 보유	1박 (도미토리) 1만 5천 원~	전주시 완산구 경원동 2가 62(경기전 후문) / 063) 286-8886	아침식사 제공(토스트, 커피), 자전거 대여 cafe.daum.net/chonjukorea
한구름 몽계구름 게스트하우스	도미토리와 4인실 보유	1박 (도미토리) 2만 2천 원~ (4인실) 6만 원~	전주시 완산구 교동 132-4 / 063) 231-5503, 010-9121-9166, 010-3691-4748	아침식사 제공(토스트, 음료, 과일) www.한구름몽계구름.kr
베가 게스트하우스	도미토리와 3인실 보유	1박 (도미토리) 2만 5천 원~ (3인실) 5만 원~	전주시 완산구 경원동 2가 40-31(경기전 후문 부근) / 063) 288-4288, 010-2664-4267	여성 전용 www.vegaguesthouse.com
60-6 게스트하우스	도미토리와 2인실 보유 / 온돌식 룸도 있음	1박 (도미토리) 2만 5천 원	전주시 완산구 교동 60-6(오목대 근처) / 010-6521-4123, 010-7392-6987	작고 아기자기한 규모 www.cyworld.com/kmarta
기와지붕아래 어누 게스트하우스	도미토리 아닌 1, 2인실 구조	1박 (1인실) 4만 원~ (2인실) 5만 원~	전주시 완산구 교동 128-10(오목대 근처) / 010-3777-5025	한옥 게스트하우스 yeonu128_10.blog.me
나무그늘 게스트하우스	도미토리와 개별실 구조	1박 (도미토리) 2만 원~ (2인실) 6만 원~	전주시 완산구 교동 222-11(성심교 부근) / 070-8807-6899	도미토리는 양옥, 2인실은 한옥 blog.naver.com/dudntjsdk

업소명	형태	비용	주소/연락처	기타
새와 나무 게스트하우스	도미토리와 2인실 구조	1박 (도미토리) 2만 원~ (2인실) 5만 원~	전주시 완산구 풍남동 1가 65(경기전 뒤편) / 063) 288-8957	5대째 100년 넘게 살아온 한옥 cafe.daum.net/saewanamu
이태구 사랑채	개별실 구조	1박 (2인실) 5만 원~	전주시 완산구 풍남동 3가 53-19(오목대 부근) / 010-9833-7758	화가가 직접 운영하는 한옥 cafe.daum.net/hanokroom
차마당	2인실 2개	1박 (2인실) 4만 원(1인) 5만 원(2인)~	전주시 완산구 교동 129-5(오목대 부근) / 010-9877-9585	소규모 한옥 cafe.daum.net/chamadang-129
홍연미덕	2인실, 4인실, 6인실, 10인실 구조	1박 (2인실) 5만 원~	전주시 완산구 풍남동 3가 41-7 / 070-8848-4788	풍제 좋은 한옥 blog.naver.com/holyholymin
분(BOON)	작은 방과 큰 방 총 4실	1박 (2인실) 8만 원~ 큰 방(4인 이상) 13만 원~	전주시 완산구 정원동 2가 63-3(경기전 뒷집) / 063) 254-4704	가족 단위에 적합 www.jhpd.co.kr